MERCADOS FINANCIEROS

La mejor guía para principiantes

Cómo dominar los bonos, las criptomonedas, las opciones, las acciones y alcanzar sus objetivos financieros

WARREN MEYERS

WARREN MEYERS ACADEMY

Reconocimiento

Quiero agradecerles por comprar mi libro y por confiar en mí, sinceramente ... ¡Gracias!

Escribir un libro es más difícil de lo que pensaba y más gratificante de lo que jamás hubiera imaginado.

Mi agradecimiento es a todos ustedes, lectores, les agradezco porque sin ustedes no podría ser lo que soy, sin ustedes mis libros simplemente... ¡no existirían!

Me gustaría presentarles todos mis trabajos y, si les gustan, los invito a dejar una calificación positiva; ¡Esto me ayudará a continuar mi trabajo y ayudará a otras personas a comprar lo que buscan!

De nuevo ... ¡Gracias!

Warren Meyers

Descubres mis libros

Tabla de contenidos

INTRODUCCIÓN

Según el informe "The Modern Trader" publicado por Broker Notes, hay aproximadamente 13,9 millones de operadores en línea en todo el mundo.

Sería un error asumir que todas estas personas viven y trabajan en grandes ciudades como Nueva York, Londres, Hong Kong o cerca de los principales centros financieros mundiales.

¡Pero gracias a Internet, tu ubicación no es importante! Cualquiera en cualquier lugar puede operar en línea.

No es necesario ser economista, un conocedor de las finanzas o un genio matemático.

Algunos lectores de esta guía ciertamente lo serán, pero la mayoría son personas "normales". Tu edad, antecedentes y raza no importan.

Este libro fue concebido como una guía básica para conocer los mercados financieros y permitir que cualquiera pueda comenzar a dar sus primeros pasos en este entorno.

Si crees que con la lectura de este libro aprenderás a hacerte rico, pues te invito en primer lugar a leer el capítulo tres. Lo que quiero, en primer lugar y, sobre todo, es evitar que inviertas inconscientemente el dinero que tanto te ha costado ganar sin el asesoramiento adecuado.

En el primer capítulo aprenderás qué son los mercados financieros y cómo funcionan, pero también qué o quién los mueve y qué ha provocado las mayores crisis financieras. También veremos cómo abrir tu primera cuenta y de qué debes tener cuidado.

En el segundo capítulo veremos todos los instrumentos financieros con los que podemos movernos en los mercados financieros, analizando los pros y contras de cada uno.

¡El tercer capítulo es el más importante! ¡Léelo antes de empezar!

CAPÍTULO UNO
MERCADOS FINANCIEROS

Figura n. 1 - Bolsa de Valores de Nueva York

Los mercados financieros son sistemas en los que las personas y las empresas compran y venden activos como acciones, bonos (deuda), materias primas y otros productos. Las personas han negociado en los mercados financieros durante muchos años y surgieron de una necesidad real y práctica: ayudar a las personas a comprar y vender cosas de manera más eficiente, y ayudar a las empresas que necesitan dinero.

Con los años, los mercados se han vuelto más grandes y más rápidos. Más personas que nunca están ahora listas para acceder a esos mercados. Alguna vez estuvieron reservados para bancos masivos, casas financieras y personas realmente ricas, pero ahora no.

En un mercado financiero, las personas pueden negociar valores financieros y derivados con costos de transacción muy bajos. Algunos valores incluyen acciones, bonos y metales preciosos.

El término "mercado" se usa generalmente para lo que llamamos bolsas y para organizaciones que facilitan la negociación de valores financieros, como una bolsa de valores o una bolsa de productos básicos. Esta podría ser una ubicación física (como NYSE, LSE, JSE, BSE) o un sistema totalmente electrónico (como NASDAQ). La mayoría de los intercambios de acciones se realizan en un intercambio; sin embargo, ciertas transacciones corporativas (fusiones, escisiones) están fuera de este, mientras que dos compañías o personas, por cualquier motivo, pueden cumplir con la venta de acciones entre sí sin utilizar un intercambio.

Por otro lado, el canje de bonos y divisas se realiza principalmente de forma bilateral; sin embargo, algunos bonos ya se negocian en la bolsa de valores y ya se están construyendo sistemas electrónicos para dichos canjes.

Tipos de mercados financieros

Dentro del sector financiero, el término "mercados financieros" se usa a menudo como un conjunto general, aunque generalmente se usa para referirse a mercados que tienden a obtener financiamiento. Los mercados de capitales se utilizan generalmente para préstamos a largo plazo y los mercados monetarios para préstamos a corto plazo.

Los mercados de capitales consisten en:

- *Los mercados de valores*, que dan financiamiento a través de la emisión de acciones o acciones ordinarias, y posibilitan su próxima negociación.

- *Mercados de bonos*, que dan financiamiento a través de la emisión de bonos y posibilitan la próxima negociación de los mismos.

- *Mercado de insumos primarios*, facilitar el comercio de productos básicos.

- *Mercados de dinero*, que dan financiamiento e inversión de deuda a corto plazo.

- *Mercados de derivados*, que brindan instrumentos para la gestión del riesgo monetario.

- *Mercados de futuros*, que otorgan contratos a plazo estandarizados para comercializar productos en una fecha futura; cf. mercado a plazo.

- *Mercados de divisas*, utilizado en el comercio de varias monedas extranjeras.

- *Mercados de criptomonedas*, para la negociación de recursos digitales y tecnologías financieras.

Los mercados de capitales también se pueden dividir en mercados primarios y secundarios. Los valores recién formados (emitidos) se compran o venden en mercados primarios, como las ofertas públicas iniciales. Los mercados secundarios permiten a los inversores comprar y vender valores existentes. Los intercambios entre emisores e inversores tienen lugar en los mercados primarios, mientras que las transacciones entre inversores existen en los mercados secundarios.

La Liquidez puede ser un aspecto crucial de los valores que se negocian en los mercados secundarios. Su definición es:

> ***Liquidez**: se refiere a la facilidad con la que a menudo se vende un valor sin pérdida. Los valores con un mercado secundario dinámico significan que hay muchos compradores y vendedores en un momento dado. Los inversores disfrutan de valores líquidos porque pueden vender sus activos cuando lo deseen; una garantía sin liquidez puede obligar al vendedor a vender sus activos contenidos en ella aplicando un descuento significativo.*

Los padres de la teoría económica

Adam Smith

Adam Smith fue un economista, filósofo y autor escocés del siglo XVIII, considerado el padre de la economía reciente. Smith argumentó contra el mercantilismo y fue un serio defensor de las políticas económicas del laissez-faire. En su primer libro, "La teoría de los sentimientos morales", Smith propuso la idea de una mano invisible: la tendencia de los mercados libres a administrarse por medio de la competencia, la oferta y la demanda y el interés propio.

Smith también es conocido por crear el concepto de producto interno bruto (PIB) y por su teoría de la compensación de las diferencias salariales. De acuerdo con esta teoría, los trabajos peligrosos o indeseables tienden a pagar salarios más altos para atraer trabajadores a esos puestos. La contribución más notable de Smith al sector de la economía fue su libro de 1776, "Una investigación sobre la naturaleza y las causas de la riqueza de las naciones".

PIB: *El producto interno bruto (PIB) expresa el valor monetario o de mercado total de todos los productos y servicios terminados producidos dentro de las fronteras de un país durante un período de tiempo determinado. Como medida general de la producción nacional total, funciona como una evaluación global de la salud económica de un país determinado.*

Los primeros años de vida de Adam Smith

El registro más antiguo de la vida de Smith es su bautismo el 5 de junio de 1723 en Kirkcaldy, Escocia; su fecha de nacimiento no está documentada. Smith asistió a la Universidad de Glasgow en Escocia a los 13 años, analizando la filosofía moral. Más tarde, Smith se matriculó en investigación de posgrado en el prestigioso Balliol College de la Universidad de Oxford.

Después de regresar a Escocia, Smith realizó algunas conferencias públicas en Edimburgo. El éxito de sus discursos le ayudó a conseguir una cátedra en la Universidad de Glasgow en 1751. Con el tiempo obtuvo la cátedra de Filosofía Moral. Durante los años que pasó trabajando y enseñando en Glasgow, Smith trabajó para publicar varias de sus conferencias. En 1759 se publicó su obra más famosa "La teoría de los sentimientos morales".

Smith se trasladó a Francia en 1763 para aceptar un puesto más lucrativo como tutor privado del hijastro de Charles Townshend, un economista aficionado y futuro Canciller de Hacienda. Durante su período francés, Smith conoció a los filósofos contemporáneos Voltaire, Hume y Franklin.

La riqueza de las naciones

Smith publicó su obra más importante, "Una investigación sobre la naturaleza y las causas de la riqueza de las naciones" (abreviado como "La riqueza de las naciones") en 1776 después de regresar de Francia a su Escocia natal. En "La riqueza de las naciones", Smith popularizó muchas de las ideas que forman los pilares de la economía clásica. Otros economistas se basaron en el trabajo de Smith para solidificar la teoría clásica, la escuela de pensamiento económico dominante durante la Gran Depresión. Las ideas de Smith se encuentran en las obras del siglo XIX de Marx y Ricardo y más tarde en las obras del siglo XX de Maynard Keynes y Friedman.

El trabajo de Smith analiza la evolución del hombre, desde una fase de cazador sin derechos de propiedad o residencias fijas hasta la agricultura nómada con residencias cambiantes. La etapa posterior fue una sociedad feudal donde se establecen leyes y derechos de propiedad para proteger a las clases privilegiadas. Al final, está la sociedad moderna, caracterizada por mercados libres o laissez-faire donde se establecen nuevas instituciones para realizar transacciones de mercado.

La filosofía de los mercados libres

Esta teoría enfatiza restar importancia al papel de la intervención estatal y los impuestos dentro de los mercados libres. Aunque Smith abogaba por un gobierno limitado, veía al gobierno como responsable de los sectores de educación y defensa de un país.

La idea de Smith de una "mano invisible" es una metáfora utilizada para describir el flujo constante de acciones individuales que guían el movimiento natural de los precios y el comercio; cada persona que trabaja para sí misma sin darse cuenta ayuda a crear un resultado general. Al vender productos que la gente quiere comprar, un carnicero, un cervecero y un panadero hipotéticos esperan ganar dinero en esta economía. Si son efectivos para cumplir con los requisitos de sus clientes, disfrutarán de recompensas financieras y, mientras se involucran en empresas con el objetivo de ganar dinero, también ofrecen productos codiciados. Smith pensó que este tipo de sistema creaba riqueza para el panadero, cervecero y carnicero, además de generar riqueza para toda la nación.

Una nación rica es aquella que está poblada de ciudadanos que trabajan de manera productiva para mejorar sus vidas y abordar sus necesidades financieras. Durante esta economía tranquila, de acuerdo con el pensamiento de Smith, una persona invertiría su riqueza dentro de la empresa presumiblemente para ayudarlo a obtener el mejor rendimiento para un nivel de riesgo dado. La teoría de la "mano invisible" a menudo se muestra como un fenómeno que guía los mercados libres y el capitalismo en la dirección de la eficiencia, a través de la oferta y la demanda y la competencia por recursos escasos, así como algo que conduce al bienestar de las personas.

Para Smith, un marco institucional es importante para orientar a las personas hacia actividades productivas que sean beneficiosas para la sociedad. Este marco consiste en un sistema de justicia diseñado para proteger y promover la competencia libre y justa. No obstante, tiene que haber competencia para respaldar este marco. Para Smith, la competencia es ese "deseo que viene con nosotros desde el útero y nunca nos abandona hasta que entramos en la tumba".

Método de producción en línea de montaje

Las ideas promovidas por "La riqueza de las naciones" generaron atención internacional y fueron una reflexión interesante sobre la evolución de la riqueza basada en la tierra a la riqueza creada por los métodos de producción en línea de montaje, posibilitados por la división del trabajo. Usando el ejemplo del trabajo necesario para crear un alfiler, Smith demostró el beneficio de esta metodología de trabajo. Si una persona realizara los 18 pasos necesarios para completar las tareas, es posible que solo haga un par de alfileres por semana. Sin embargo, si diez trabajadores hicieran las dieciocho tareas en una línea de montaje, la producción aumentaría a miles de pines por semana. Smith afirma que la división del trabajo y la especialización resultante produce prosperidad.

Producto interno bruto (PIB)

Las ideas mostradas en "La riqueza de las naciones" fueron la génesis del producto interno bruto (PIB) como concepto y transformaron el negocio de importación y exportación. Antes de la publicación del libro "La riqueza de las naciones", la riqueza de los países se expresaba sobre la base del valor de sus depósitos de oro y plata. Sin embargo, Smith fue muy crítico con el mercantilismo; Sostuvo que los países deben ser evaluados y apoyados en función de sus niveles de producción y comercio. Esta idea fue la base para la creación de la métrica del PIB para medir la prosperidad de una nación.

Cuando se publicó su obra "La riqueza de las naciones", muchos países dudaban en comerciar con otros países. Smith argumentó que debería crearse un intercambio libre porque ambos países pueden beneficiarse de los intercambios. Como resultado de este cambio de actitud hacia el comercio, hubo un aumento de las importaciones y exportaciones. Smith también abogó por una legislación que hiciera el comercio lo más fácil posible.

El legado de Smith

Las ideas más famosas de Smith: la "mano invisible" y la "división del trabajo" son ahora teorías económicas fundamentales. Murió el 19 de julio de 1790, a los 67 años, pero las ideas que popularizó sobreviven dentro de la escuela clásica de economía y en instituciones como el Instituto Smith, la principal fábrica de pensamiento neoliberal de libre mercado de Gran Bretaña. En 2007, el Banco de Inglaterra decidió poner a Smith en el billete de £ 20.

David Ricardo

¿Quién era David Ricardo?

David Ricardo (1772-1823) fue un importante economista. Sus ideas más recordadas son las relativas a salarios y ganancias, trabajo útil, ventaja comparativa y renta.

Ricardo y una variedad de otros economistas también determinaron simultánea e independientemente la ley de los rendimientos marginales decrecientes. Su obra más conocida es Principios de la economía política y fiscalidad (1817).

Entendiendo a Ricardo

Ricardo, nacido en Inglaterra en 1772, uno de 17 hijos, comenzó a trabajar con su padre como corredor de bolsa a los 14 años. Sin embargo, su padre lo repudió a los 21 por casarse fuera de su religión. Su riqueza provino de su éxito con una empresa comercial que inició y que se ocupaba de valores gubernamentales. Se retiró a la edad de 41 años después de ganar aproximadamente £ 1 millón especulando sobre el resultado de la Batalla de Waterloo.

A los 42 años, Ricardo compró un escaño en el Parlamento por £ 4,000 y se desempeñó como miembro del Parlamento. Bajo la influencia de Smith, Ricardo se mantuvo en compañía de otros pensadores destacados como James Mill, Jeremy Bentham y Thomas Malthus. En su ensayo "La influencia de un precio bajo del maíz en las ganancias de las acciones" (1815), Ricardo ideó la regulación de los rendimientos decrecientes refiriéndose al capital y al trabajo. A la edad de 37 años, Ricardo escribió su primer artículo sobre economía, publicado en The Morning Chronicle. El artículo abogaba por que el Banco de Inglaterra redujera su actividad de emisión de billetes. Su libro Principios de la economía política y fiscalidad incluye sus ideas más conocidas. Las principales contribuciones de Ricardo a la teoría son:

Ventaja comparativa

Entre las ideas notables que introdujo Ricardo en Principios de economía política y tributación estaba la idea de la ventaja comparativa, que argumentó que los países pueden disfrutar del comercio internacional al especializarse en la creación de productos con costos de producción potencialmente más bajos, incluso si eso significaba no tener un valor absoluto o ventaja dentro de la producción de cualquier bien en particular. Por ejemplo, se acordaría un beneficio comercial mutuo entre China y el Reino Unido; China se especializa en la producción de porcelana y té y el Reino Unido se concentra en piezas de maquinaria. Las ideas de Ricardo están fuertemente correlacionadas con las ventajas del libre comercio y las desventajas causadas por las políticas proteccionistas. La idea de Ricardo de la ventaja comparativa produjo derivaciones y críticas que se discuten hasta el día de hoy.

Teoría del valor laboral

Otra de las contribuciones más conocidas de Ricardo a la economía fue la teoría del valor, que establece que el valor de cualquier producto podría medirse por la cantidad de trabajo utilizado para producirlo. La idea establecía que el valor no solo debería ser proporcional al costo de la mano de obra necesaria para fabricarlo, sino al costo total de producción. Un ejemplo de esta teoría es que, si se necesitan dos horas para hacer una mesa y una hora de trabajo para una silla, una mesa simplemente vale dos sillas, independientemente del salario por hora de quien hizo la mesa. La teoría del trabajo útil se convertiría más tarde en uno de los fundamentos del marxismo.

Teoría del alquiler

Ricardo fue el principal economista que discutió la noción de renta, o beneficios que se acumulan a los propietarios solo por su propiedad y no por su contribución a cualquier actividad productiva real. En su aplicación, la idea de renta, aplicada a la economía agrícola, muestra que los beneficios de un aumento en el precio de los granos tenderán a incrementar la renta que pagan los usuarios a los propietarios. Posteriormente, la idea de Ricardo también se aplicó al alquiler de propiedades; políticas públicas particulares que pueden ayudar a los propietarios a ver un aumento en sus ingresos por alquiler.

Equivalencia ricardiana

En el área de las finanzas públicas, Ricardo escribió que independientemente de que un gobierno opte por financiar sus gastos mediante impuestos instantáneos o mediante préstamos y gastos compensatorios, los resultados para el sistema económico serán los mismos. Si los contribuyentes son racionales, explicarán cualquier aumento esperado en los impuestos futuros para financiar los déficits corrientes ahorrando la misma cantidad que el gasto necesario para el déficit corriente, por lo que el cambio neto en el gasto total será cero. Entonces, si un gobierno se involucra en un gasto deficitario para reiniciar la economía, entonces el gasto privado disminuirá en la misma cantidad dado que la gente ahorrará más y, por lo tanto, el efecto neto en la economía mixta será un lavado.

Jean-Baptiste Say

¿Quién dijo Jean-Baptiste?

Jean-Baptiste Say (1767-1832) fue un clásico, economista y estudioso liberal francés. Nació en Lyon en 1767 y tuvo una carrera ilustre. Formó parte de un comité del gobierno de Napoleón y enseñó economía en Francia en el Athénéé, el Conservatoire National des Arts et Métiers, y más tarde en el Collège de France, donde fue nombrado presidente de la facultad de política económica. La ley de mercado de Say podría interpretarse como una teoría económica clásica de que la producción es al mismo tiempo una fuente de demanda.

De acuerdo con la ley de Say, el poder de pedir algo se financia proporcionando un bien de una entidad diferente.

Entendiendo a Jean-Baptiste Say

Jean-Baptiste Say es conocido por su contribución "La ley del mercado de Say", también conocida como su "Teoría del mercado", y por su trabajo titulado "Un tratado de economía", publicado en 1803. Además de su tratado más famoso, también hay dos volúmenes "Cours Complet d'Économie Politique Pratique", 1852, y una colección de su correspondencia con el también economista Malthus titulada "Cartas a Malthus", en estas cartas se dirige a las personas que critican su pensamiento económico.

La ley de Say se ha malinterpretado a menudo. Según esta ley, la economía es capaz de regularse a sí misma, convirtiéndose ella misma en una fuente de demanda, muchas veces se ha confundido con la idea de que la oferta crea su propia demanda. Los economistas contemporáneos John Maynard Keynes y Malthus criticaron la ley de Say, y los economistas posteriores señalaron a Keynes como parcial o principalmente responsable de la confusión.

Sin embargo, Say estuvo muy influenciado por Smith y sus teorías establecidas en el tratado de 1776 "La riqueza de las naciones". También fue un firme partidario de las teorías del libre mercado de Smith, promoviendo sus filosofías del laissez-faire y ayudando a difundirlas en Francia a través de su labor académica y docente. La ley de Say todavía sobrevive en los modelos económicos neoclásicos modernos donde siempre se encuentran las teorías del libre mercado de Smith.

Entre sus otras enseñanzas, Say también expresó la hipótesis de que la deflación podría verse como un evento positivo si se derivara de aumentos de productividad. También escribió sobre el dinero y la banca, compartió sus puntos de vista sobre los impuestos como una carga y Robert L. Formaini lo acredita en el folleto Economic Insights del Federal Reserve Bank of Dallas entre los economistas principales para discutir el espíritu empresarial y las nociones de utilidad, describiendo a los empresarios como importantes factores para lograr la satisfacción de los "deseos humanos".

> **Deflación**: La deflación ocurre cuando tenemos una caída generalizada en los precios de los bienes y servicios, generalmente asociada con una contracción en la oferta de dinero y crédito en la economía. El poder adquisitivo del dinero durante la deflación aumenta con el paso del tiempo.

Jean-Baptiste Say y los padres fundadores de los Estados Unidos

Apareciendo en una traducción al inglés, las obras de Say encontraron una audiencia admiradora en los padres fundadores Jefferson y Madison, con quienes mantuvo una viva correspondencia. La carta de Madison agradeciendo a Say por enviarle una respuesta a su tratado dice en parte: "Por favor, señor, tenga la seguridad del gran valor que le doy a su estima ..."

Cómo funcionan los mercados

Como vimos en el capítulo anterior, los fundamentos teóricos de las economías de mercado fueron desarrollados por economistas clásicos, como Smith, Ricardo y Jean-Baptiste Say. Estos eran partidarios del libre mercado y creían que la "mano invisible" de las ganancias y los incentivos del mercado determinaban las decisiones económicas hacia caminos más eficientes y productivos que las decisiones tomadas por el gobierno, y que estas decisiones también conducían a ineficiencias financieras que también empeoraba la situación de las personas.

Teoría del mercado

Las economías de mercado determinan los precios y las cantidades de productos en función de la oferta y la demanda. Los empresarios utilizan factores de producción como la tierra, la mano de obra y el capital, combinados con trabajadores y financistas, para lograr la producción de diversos bienes y servicios que los consumidores u otras empresas pueden comprar. Los que compran y los que revenden acuerdan voluntariamente, en función de las preferencias del cliente, los ingresos que las empresas quieren obtener de sus inversiones. La asignación de diversos recursos por parte de los productores se realiza en base a la ganancia que esperan obtener de ellos, creando bienes que sus clientes apreciarán y pagarán más que los insumos iniciales de los productores. Los empresarios serán recompensados con ingresos que pueden reinvertir en actividades futuras.

Economías de mercado modernas

Todos los sistemas financieros del mundo moderno se encuentran en algún lugar entre un mercado puro y un mercado completamente planificado. La mayoría de los países desarrollados son economías técnicamente mixtas debido al hecho de que mezclan los mercados libres con la interferencia del gobierno, sin embargo, con frecuencia se les etiqueta como economías de mercado, ya que permiten que los mercados guíen la mayor parte de la actividad financiera, dejando a los gobiernos con el poder suficiente para garantizar la estabilidad.

Las economías de mercado a veces cuentan con algunas intervenciones de las autoridades, en situaciones como fijación de tarifas, licencias, cuotas y subsidios industriales. A menudo, en las economías de mercado, el gobierno producirá bienes públicos y, con frecuencia, ocupará la posición de monopolio. Sin embargo, en general, las economías de mercado se caracterizan por utilizar un proceso de toma de decisiones descentralizado a través de consumidores y minoristas que realizan transacciones diarias.

Aunque el sistema económico de mercado se considera una opción popular, el debate sobre cuánto debe intervenir el gobierno en las decisiones sigue siendo importante. Los economistas generalmente confían en que las economías más orientadas al mercado podrán tener riqueza, crecimiento económico y niveles de vida más altos, incluso si difieren en cuánto tiene que intervenir el estado en los diversos procesos.

Oferta y demanda

Los dos términos básicos utilizados con más frecuencia por los economistas son oferta y demanda. La cantidad de algo que está disponible (¿la oferta NO *suministra*?) Y la cantidad de algo que la gente quiere (la demanda) conforman lo que se llama un mercado funcional. El mercado es la forma en que se organiza una actividad económica entre compradores y vendedores a través de su comportamiento e interacción mutua. Los compradores, entendidos como grupo, determinan la demanda general de un producto específico a varios precios, mientras que los vendedores, siempre entendidos como grupo, determinan la oferta de un producto específico a varios precios.

La interacción de compradores y vendedores dentro del mercado ayuda a determinar el valor de mercado mediante la asignación eficiente de bienes y servicios escasos. El valor se tiene en cuenta al decidir la cantidad óptima que se consume y también la cantidad óptima que se debe suministrar. Esta conexión entre precio y cantidad demandada es tan universal que se llama Ley de la Demanda. Esta ley establece que, en igualdad de condiciones, cuando el valor de un determinado bien aumenta, el número que luego solicita el mercado disminuye, y cuando el valor disminuye, el número requerido aumenta. La curva de oferta funciona en sentido contrario: cuanto más alto es el precio de la propiedad, mayor es la oferta; cuanto menor sea el valor, menor será el número proporcionado.

Una función clave del mercado es buscar el precio de equilibrio, es decir, el punto donde la oferta y la demanda están en equilibrio. A este precio, los productos suministrados son el número exacto de los requeridos, determinando así la asignación más eficiente de los productos. Si la asignación de productos es eficiente, nadie estará más feliz que nadie, pero todos estarán satisfechos.

Sin embargo, hay factores distintos al precio que pueden impedir que el mercado esté perfectamente equilibrado y por tanto eficiente:

Variables que influyen en los compradores (demanda)

- Precio
- Ingresos
- Precios de bienes relacionados
- Sabores
- Expectativas
- Número de compradores

Variables que influyen en los vendedores (oferta)

- Precio
- Precios de entrada
- Tecnología
- Expectativas
- Número de vendedores

Por el lado de la demanda, los ingresos pueden jugar un papel importante. A medida que aumentan los ingresos, la gente comprará más bienes o quizás comenzará a considerar bienes de mayor calidad o más caros. Sin embargo, el valor de los bienes relacionados también podría alterar la demanda. Por ejemplo, si aumenta el valor de un cereal, es probable que la demanda cambie a un cereal idéntico, que podría considerarse un bien sustituto. Si los productos se consideran complementarios, o generalmente se usan juntos, una reducción en el precio de uno de los productos aumentará la demanda del otro. Un ejemplo de productos complementarios son los automóviles y la gasolina, en los que el valor de la gasolina depende en parte de la cantidad de automóviles.

Desde el punto de vista de la disponibilidad, tanto las expectativas como el número de vendedores pueden influir en la cantidad de bienes producidos. Además, el costo de producción de los bienes en sí, o de los precios de los insumos y, por lo tanto, el nivel de tecnología utilizada para la transformación de los insumos en bienes, influirá en gran medida tanto en el precio final como en las cantidades de productos producidos.

Aunque la mayoría de los análisis económicos se especializan en encontrar el equilibrio del mercado, existen muchas otras formas de mercado. Por ejemplo, cuando hablamos de utilizar recursos naturales u otros servicios de calidad ambiental, a menudo es difícil buscar el equilibrio a través de precios de mercado simples, ya que no estamos hablando de bienes de mercado reales. Sobre todo en lo que respecta al uso y extracción de los recursos naturales, sería importante tratar de maximizar los costos y beneficios actuales, teniendo también en cuenta los posibles costos y beneficios futuros, así como teniendo en cuenta tanto el valor intrínseco como el existente de los recursos. Cuando el mercado no asigna los recursos de manera eficiente, puede ocurrir una falla del mercado. Un ejemplo de esto es la creación de externalidades que a menudo ocurre en ausencia de derechos de propiedad claros, como el aire y algunos recursos hídricos.

¿Qué afecta a los mercados?

Los precios de mercado están determinados por la demanda y oferta de bienes, los cuales están influenciados por una importante cantidad de factores, algunos de los más comunes se detallan a continuación:

Las noticias: muchos participantes del mercado monitorean las noticias en tiempo real; las malas noticias que golpean a una empresa o país pueden hacer bajar los precios. Las noticias políticas también pueden tener un efecto importante en los mercados.

Resultados de la empresa: las empresas que cotizan en bolsa publicarán resultados periódicos que pueden animar a los inversores a comprar o vender sus acciones

Política del banco central: los bancos centrales toman decisiones como la fijación de tipos de interés, que pueden tener un efecto profundo en el flujo de divisas en todo el mundo y pueden tener un gran impacto en los mercados.

Datos gubernamentales: los gobiernos publicarán datos que pueden mover los mercados, como información sobre desempleo o datos sobre inflación

> **Tasas de interés**: el monto que cobra el prestamista por el uso del capital con referencia al porcentaje del capital. Esta tasa generalmente se indica sobre una base anual.

Participantes del mercado

Existe una buena variedad de personas y empresas que comercian en los mercados financieros.

- Inversores institucionales: los fondos de pensiones, los administradores de activos y los proveedores de fondos abiertos participan en los mercados financieros para generar ganancias para ellos y sus clientes

- Bancos: Los bancos actúan como intermediarios para otras empresas, como administradores de fondos. No quieren comerciar mucho por su cuenta, pero las nuevas regulaciones significan que necesitan menos oportunidades para comerciar con su libro.

- Corredor: especialistas que realizan operaciones para sus clientes

- Creador de mercado: algunas instituciones tienen la tarea de vender acciones o bonos en el mercado. Su trabajo es tratar de encontrar la mejor cotización para sus clientes; por ejemplo, si una empresa decide emitir varias acciones, un creador de mercado tiene la tarea de venderlas en el mercado.

- Inversores minoristas: Los inversores diarios pueden participar en los mercados financieros invirtiendo en fondos, comprando acciones o negociando activamente en los mercados a través de spread bets y CFD.

¿Cómo se negocian los mercados financieros?

Normalmente, los mercados suelen negociarse de dos formas:

En la bolsa

En el pasado, estos eran edificios reales donde los corredores se reunían para comprar y vender acciones de la empresa u otros activos, como maíz o ganado. Ahora, la mayoría de las transacciones comerciales se realizan en línea, con pedidos de todo el mundo. Negociar en bolsa significa que los contratos están estandarizados con una forma transparente de operar en cuanto a tipos, cantidades y tiempo en que recibirá los productos.

En el mostrador

Es aquí donde dos partes acuerdan la compra y venta mutuas, sin negociar en un intercambio.

Las mayores caídas del mercado de valores

Una caída del mercado de valores puede ser una caída repentina y dramática de los precios de las acciones en una parte importante de una bolsa de valores, lo que lleva a una gran pérdida de riqueza en papel. Los colapsos pueden deberse tanto al pánico como a factores económicos subyacentes, pero a menudo, siguen la especulación económica y las burbujas.

Una caída del mercado de valores puede ser un fenómeno social en el que los eventos económicos externos se combinan con la mentalidad de rebaño, un ejemplo podría ser cuando algunos de los participantes del mercado comienzan a vender y, por lo tanto, sin razón aparente, otros también hacen lo mismo. Los colapsos generalmente se deben a un período prolongado de aumento de los precios de las acciones (un mercado alcista) y un optimismo económico excesivo, o a un mercado donde los índices de precios y ganancias superan los promedios a largo plazo y el uso generalizado de la deuda y los participantes del apalancamiento en el mercado. Otros aspectos como guerras, grandes ataques corporativos, cambios en las leyes y regulaciones federales y desastres naturales dentro de áreas económicamente productivas también pueden conducir a caídas repentinas e influyentes en el valor bursátil de una gran parte de los valores.

No existe una definición numérica precisa que identifique una caída del mercado de valores, pero el término se aplica comúnmente a grandes pérdidas porcentuales de dos dígitos durante un índice del mercado de valores durante un período de varios días. Las caídas a menudo se distinguen de los mercados a la baja (períodos de caída de los precios de las acciones que se miden en meses o años) por ventas de pánico y caídas repentinas de precios. Las caídas suelen estar relacionadas con mercados bajistas; sin embargo, no necesariamente van de la mano. El lunes negro (1987), por ejemplo, no provocó un mercado bajista. Del mismo modo, el mercado bajista japonés de los años 90 existió durante varios años sin accidentes importantes.

Los accidentes son generalmente inesperados. Como dijo Niall Ferguson: "Antes del choque, nuestro mundo parece casi estacionario, engañosamente equilibrado. De modo que cuando el choque finalmente golpea, como inevitablemente sucederá, todos parecen sorprendidos. Y nuestro cerebro sigue diciéndonos que este no es el momento para un colapso".

Ejemplos históricos

Tulip Mania

Tulip Mania (a mediados de la década de 1630) generalmente se puede considerar la primera burbuja económica registrada. Históricamente, las primeras burbujas y caídas del mercado de valores tuvieron sus raíces en las actividades socio-político-económicas de la República Holandesa del siglo XVII (el lugar de nacimiento del primer mercado de valores formal, la Compañía Holandesa de las Indias Orientales (la primera compañía que cotiza en bolsa en el mundo). y, en particular, la Compañía Holandesa de las Indias Occidentales (WIC / GWIC).

En la Italia medieval, las empresas con varios accionistas se convirtieron en contratos populares y Malmendier proporciona pruebas de que las sociedades anónimas se remontan a la antigua Roma.

> ***Malmendier**: Ulrike M. Malmendier es una influyente economista alemana. Es profesora de economía y finanzas en la Universidad de California, Berkeley. Gran parte de su trabajo está dedicado al estudio de la economía del comportamiento, las finanzas corporativas, el derecho y la economía. La Asociación Estadounidense de Finanzas le otorgó el Premio Fischer Black en 2013.*

Ámsterdam del siglo XVII merece el título de la primera bolsa de valores del mundo, donde surgió un animado mercado secundario de acciones corporativas. Las dos empresas principales eran la Compañía Holandesa de las Indias Orientales y la Compañía Holandesa de las Indias Occidentales, fundadas en 1602 y 1621 respectivamente. También había otras empresas más pequeñas que no ocupaban gran parte de la bolsa de valores.

El pánico de 1907

La manipulación de las acciones del cobre por parte de la fiduciaria Knickerbocker, en 1907 y 1908, provocó una pérdida de valores de casi el 50%. Las acciones de United Copper aumentaron gradualmente hasta octubre y posteriormente se desplomaron, causando pánico. Numerosos fondos de inversión y bancos que habían invertido su dinero en bolsa cayeron y empezaron a quebrar. Se evitaron más problemas bancarios gracias a la intervención de JP Morgan. El pánico continuó hasta 1908 y llevó a la formación del Sistema de la Reserva Federal en 1913.

El desplome de Wall Street de 1929

La economía creció durante gran parte de los locos años veinte. Había sido una edad de oro tecnológica, con la introducción de innovaciones como la radio, el automóvil, la aviación y el teléfono; lo que significa que se había implementado y adoptado la red de transmisión de electricidad. Las empresas que habían sido pioneras en estos avances, incluidas Radio Corporation of America (RCA) y General Motors, vieron subir sus acciones. A las corporaciones financieras también les fue bien, ya que los banqueros de Wall Street, como Goldman Sachs Trading Corporation, hicieron flotar compañías de fondos de capital variable (más tarde llamadas fondos mutuos). Los inversores estaban encaprichados con los rendimientos disponibles dentro de la bolsa de valores, particularmente mediante el uso del apalancamiento a través de la deuda de margen.

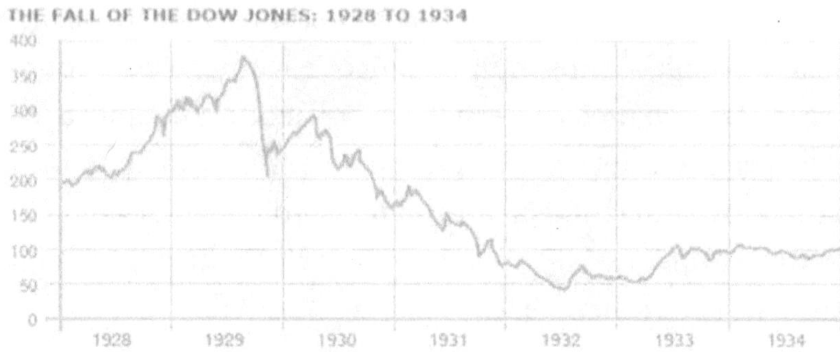

Figura n. 2 - Accidente de Dow Jones en 1929

El promedio industrial Dow Jones (DJIA) estaba en 63,9 el 24 de agosto de 1921. Para el 3 de septiembre de 1929, se había multiplicado por seis, alcanzando 381,2, un nivel que no volvió a recuperar durante otros 25 años. Después de una serie de fuertes caídas en la bolsa, durante el verano de 1929, quedó claro que la economía comenzaba a contraerse. Estas caídas sirvieron para aumentar aún más la ansiedad de los inversores y los eventos alcanzaron su punto máximo del 24 al 29 de octubre (conocido como Jueves Negro, Lunes Negro y Martes Negro, respectivamente).

El lunes negro, el DJIA cayó 38,33 puntos a 260, un 12,8% menos. El diluvio de la venta desbordó el sistema de cinta de cotización que normalmente proporcionaba a los inversores los precios actuales de sus acciones. Las líneas telefónicas y los telégrafos estaban obstruidos y no podían hacer frente. Este vacío de información solo provocó más miedo y pánico. La tecnología de la Nueva Era, anteriormente muy valorada por los inversores, ahora sirvió para profundizar su sufrimiento.

El día siguiente, Martes Negro, fue un día de caos absoluto. Obligados a liquidar sus acciones debido a llamadas de margen, los inversores inundaron el intercambio con órdenes de venta. El Dow perdió 30,57 puntos ese día, lo que llevó su valor a 230,07. Los inversores de la época, anteriormente glamorosos, vieron caer sus valores. En dos días, el DJIA cayó un 23%.

La semana que finalizó el 11 de noviembre llevó el índice a 228, un 40% menos que en septiembre. Los mercados se recuperaron en los meses siguientes, pero fue una recuperación de corta duración que llevó a los inversores desprevenidos a sufrir más pérdidas. El DJIA perdió el 89% de su valor antes de finalmente tocar fondo en julio de 1932. El colapso fue seguido por la Gran Depresión, que afectó a la bolsa de valores y Wall Street en la década de 1930.

19 de octubre de 1987

La mitad de la década de 1980 fue un período de fuerte optimismo económico. Desde agosto de 1982 hasta su punto máximo en agosto de 1987, el DJIA pasó de 776 a 2722. En esta era, el aumento de los índices de mercado para los 19 mercados más grandes del mundo fue en promedio 296%. El número típico de acciones negociadas en el nuevo mercado de valores aumentó de 65 millones de acciones a 181 millones de acciones.

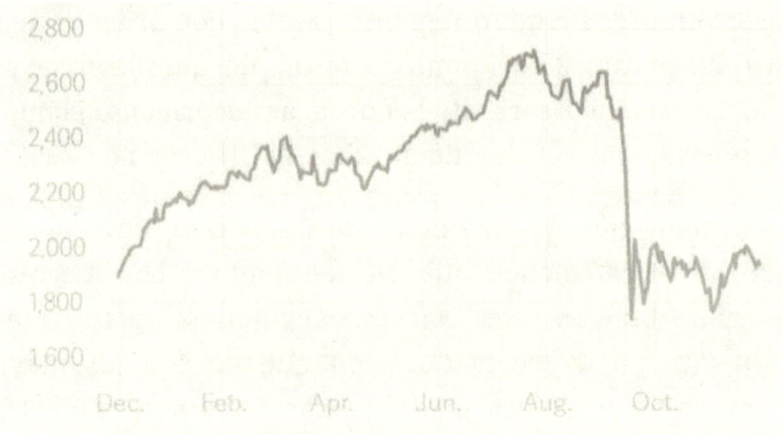

Figura n. 3 - Accidente de Dow Jones en 1987

La caída del 19 de octubre de 1987, Lunes Negro, fue la culminación de una caída del mercado que comenzó cinco días antes, el 14 de octubre. El DJIA cayó un 3,81% el 14 de octubre, seguido de otra caída del 4,60% el viernes 16 de octubre. El Lunes Negro, el DJIA perdió un 22,6% más, bajando 508 puntos.

El índice S&P 500 perdió un 20,4%, pasando de 282,7 a 225,06. El compuesto NASDAQ perdió solo un 11,3%, no por la moderación de los vendedores, sino por el fracaso del sistema de mercado NASDAQ. Inundadas con órdenes de venta, muchas acciones de NYSE enfrentaron paros comerciales y retrasos. De las 2.257 acciones que cotizan en la Bolsa de Nueva York, hubo 195 retrasos y paradas más tarde en el día. El mercado NASDAQ fue mucho peor que el S&P 500. Debido a su dependencia de un sistema de creación de mercado que permitía a los creadores de mercado retirarse de la negociación, la liquidez de las acciones de NASDAQ se agotó.

La negociación de numerosos valores encontró una condición

patológica en la que el precio de un valor superó el precio solicitado. Estas condiciones "bloqueadas" limitaron gravemente el comercio. El 19 de octubre, la negociación de acciones de Microsoft en NASDAQ duró un total de 54 minutos.

El incidente fue la peor pérdida en un día que Wall Street haya sufrido en el intercambio continuo hasta ahora. Entre el inicio de la negociación el 14 de octubre y el cierre del 19 de octubre, el DJIA perdió 760 puntos, una caída de más del 31 por ciento.

El accidente de 1987 fue un fenómeno mundial. El índice FTSE 100 perdió un 10,8% el lunes y otro 12,2% al día siguiente. En octubre, todos los principales mercados mundiales sufrieron una caída significativa. La nación menos dañada fue Austria (un 11,4% menos), mientras que la principal afectada fue Hong Kong con una caída del 45,8%. De los 23 principales países industriales, 19 registraron una caída de más del 20%.

A pesar de los temores de que se repitiera la depresión de la década de 1930, el mercado repuntó inmediatamente después del colapso, registrando una ganancia récord en un día de 102,27 al día siguiente y 186,64 puntos el jueves 22 de octubre. El Dow solo tardó dos años en recuperarse por completo; en septiembre de 1989, el mercado había recuperado todo el valor que había perdido durante el incidente de 1987. El DJIA ganó seis décimas por ciento en el año calendario 1987.

No se llegó a conclusiones definitivas con respecto a las explicaciones detrás del accidente de 1987. Las acciones habían disfrutado de una corrida alcista de varios años y los índices de precios y ganancias de mercado en los Estados Unidos estaban por encima del promedio de la posguerra. El S&P 500 se cotizaba a ganancias de 23 veces, un máximo de la posguerra y muy por encima del beneficio típico de 14,5 veces.

El comportamiento gregario y los circuitos de retroalimentación psicológica juegan un papel crucial en el caso de desplomes bursátiles, pero los analistas también han tratado de verlos como disparadores externos.

Aparte de las preocupaciones generales por la sobrevaluación del mercado de valores, la culpa del colapso se atribuyó a factores como la negociación, seguros de cartera y derivados y noticias anteriores sobre el empeoramiento de los indicadores económicos (es decir, un gran déficit de bienes en los Estados Unidos y una caída del dólar estadounidense, lo que parecía implicar futuras subidas de tipos de interés).

Uno de los resultados del accidente de 1987 fue la introducción del interruptor o freno en la Bolsa de Nueva York. Con base en la idea de que un período de reflexión ayudaría a calmar el pánico de los inversores, estas caídas obligatorias del mercado se desencadenan cada vez que se produce una caída de mercado de gran tamaño durante el día de negociación.

Accidente de 2008-2009

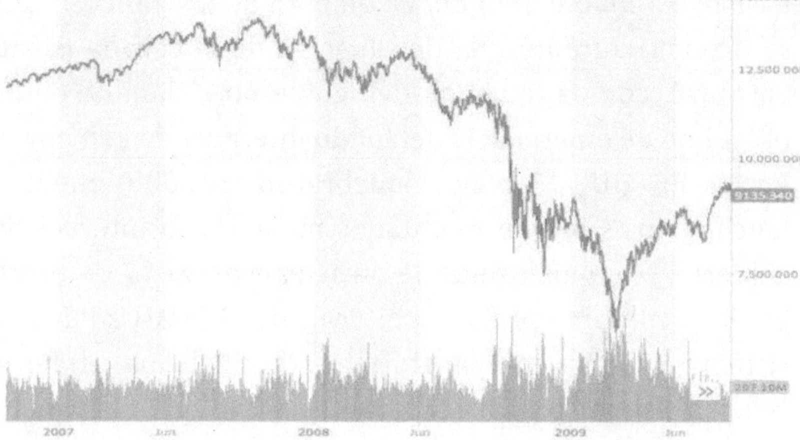

Figura n. 4 - Accidente de Dow Jones en 2008

El 16 de septiembre de 2008, las quiebras de grandes instituciones financieras en los Estados Unidos, principalmente debido a la exposición a hipotecas de alto riesgo y credit default swaps emitidos para garantizar estos préstamos y sus emisores, rápidamente se convirtieron en una crisis global.

> ***Hipotecas de alto riesgo****: es un tipo particular de hipoteca que se puede utilizar para clientes que tienen una calificación crediticia baja y, por lo tanto, un riesgo de incumplimiento que puede estar por encima de la media.*
>
> ***Swaps de incumplimiento crediticio****: (CDS) es un acuerdo financiero. El vendedor de este instrumento pagará al comprador de los CDS si la deuda no es pagada, ya sea por el deudor o por otro evento crediticio.*

Esto también provocó una serie de quiebras en Europa y fuertes reducciones en el valor de las acciones y los productos básicos en todo el mundo. La quiebra de los bancos islandeses se produjo durante una devaluación de la corona islandesa y amenazó con la quiebra del gobierno. Islandia obtuvo un préstamo de emergencia del fondo internacional en noviembre. En los EE. UU., 15 bancos quebraron en 2008, mientras que muchos otros fueron rescatados mediante la intervención del gobierno o adquisiciones de otros bancos. El 11 de octubre de 2008, la cumbre del Fondo Internacional (FMI) advirtió que el sistema económico planetario se tambaleaba al borde del colapso sistémico.

El 8 de octubre, la bolsa de valores de Indonesia dejó de cotizar tras una décima caída. La depresión provocó que los países cerraran temporalmente sus mercados.

El Times de Londres informó sobre el desplome de 2008 y que los comerciantes más antiguos lo estaban comparando con el Lunes Negro de 1987. La caída del 21% esa semana en comparación con una caída del 28,3% 21 años antes, pero algunos comerciantes decían que de hecho había sido peor.

Del 6 al 10 de octubre de 2008 el Dow Jones Industrial Average (DJIA) cerró un total de cinco sesiones a la baja. Los niveles de volumen rompieron récords. El DJIA cayó más de 1.874 puntos, o un 18%, en el peor descenso semanal de la historia en términos de puntos y porcentajes. El S&P 500 cayó un 20%. La semana también estableció tres récords de volumen de los diez primeros en NYSE con el 8 de octubre en el no. 5, 9 de octubre en el no. 10 y 10 de octubre en el no. 1.

Después de ser suspendida durante 3 días hábiles consecutivos de negociación (9, 10 y 13 de octubre), la bolsa de valores de Islandia reabrió el 14 de octubre, con la mayor parte del índice, el OMX Iceland 15, cerrando en 678,4, que era aproximadamente un 77% menos que los 3.004,6 a finales del 8 de octubre. Esto reflejaba que el valor de los tres principales bancos, que representaban el 73,2% del valor del OMX Iceland 15, se fijó en cero.

El 24 de octubre de 2008, muchas de las bolsas de valores del mundo sufrieron las peores caídas de su historia, con caídas de alrededor del 10% en la mayoría de los índices. En Estados Unidos, el DJIA cayó un 3,6%, no mucho en comparación con otros mercados. Por el contrario, tanto el dólar estadounidense como el yen japonés subieron frente a otras monedas importantes, en particular la libra esterlina y el dólar canadiense, ya que los inversores mundiales buscaron refugios seguros. También en este día, el vicegobernador del Banco de Inglaterra, Charlie Bean, sugirió que "esta es una crisis única en la vida, y posiblemente la mayor crisis financiera de este tipo en la historia de la humanidad".

Para el 6 de marzo de 2009, el DJIA había caído 54% a seis, 469 (antes de que comenzara a recuperarse) desde su máximo de 14.164 el 9 de octubre de 2007, durante 17 meses.

Caída del mercado de valores por el coronavirus 2020

Los mercados de valores de todo el mundo cayeron drásticamente a finales de febrero, del 24 al 28 de febrero el FTSE 100 cayó un 13%, eliminando 200.000 millones de libras esterlinas del valor de las principales acciones del Reino Unido. Esta fue la caída semanal más importante después de la crisis financiera mundial en 2008. El 9 de marzo, "Lunes Negro", el FTSE disminuyó en casi un 8%; Otros mercados europeos importantes también abrieron operaciones con pérdidas de alrededor del 8%, tras las enormes caídas en los mercados asiáticos. El 12 de marzo, el DJIA cayó un 9,99%, mientras que el S&P 500 y por tanto el Nasdaq cayeron alrededor de un 9,5%. A principios de ese día, los principales índices bursátiles de Gran Bretaña, Francia, Alemania e Italia cayeron más de un 10%.

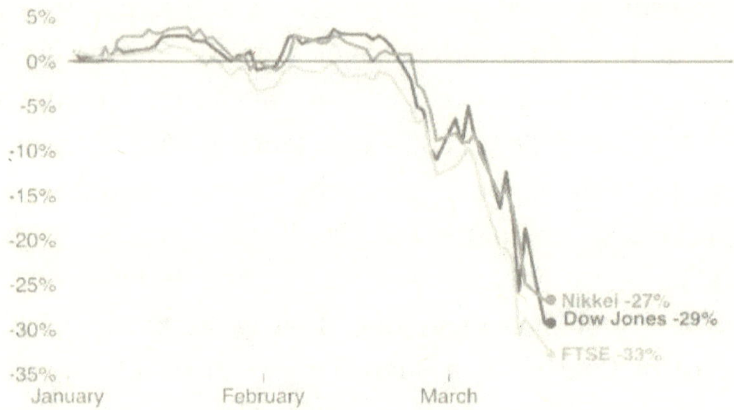

Figura n. 5 - Accidente del Coronavirus 2020

Los futuros de índices bursátiles disminuyeron drásticamente durante el discurso del presidente Trump y, por lo tanto, el DJIA disminuyó un 10% al día siguiente, la caída diaria más significativa desde el Lunes Negro de 1987, a pesar de que el Sistema de la Reserva Federal también anunció que podría inyectar $ 1,5 billones en los mercados monetarios.

El 16 de marzo, el DJIA cayó un 12,93%, que fue la mayor caída de puntos desde la caída del Lunes Negro de 1987, superando la caída de la semana anterior, el Nasdaq también experimentó una caída de gran tamaño del 12, 32%, el S&P 500 tuvo un desempeño ligeramente mejor con una caída del 11,98%. En cuanto al porcentaje, el accidente de ese día fue entre los del 28 y el 29 de octubre de 1929.

Índices comerciales

La evolución de los precios del índice refleja la dinámica del grupo de precios base de la acción.

¿Qué es un índice?

Por lo general, un índice mide la evolución del precio agregado de un grupo de acciones en un país determinado. Los índices se utilizan a menudo para rastrear y comparar el desempeño del mercado de valores.

El rendimiento de cada índice está determinado por el rendimiento del precio de las acciones subyacentes que componen el índice. Los índices son construidos y calculados de forma independiente por proveedores de índices especializados, como bancos y grupos FTSE. La selección de empresas que se incluirán en el índice está determinada por las reglas de cálculo del índice o por la Comisión. Sin embargo, no todos los índices utilizan las mismas reglas.

Índice de existencias de ADN

Índice ponderado por precio

Se calcula sumando los precios de las acciones de cada acción en el índice y dividiéndolos por el número de acciones en ese índice. Cuanto más cara sea la acción, mayor será el impacto en el índice. El índice Dow Jones Industrial Average es un ejemplo de un índice calculado con ponderación de precios.

Índices ponderados por capitalización de mercado.

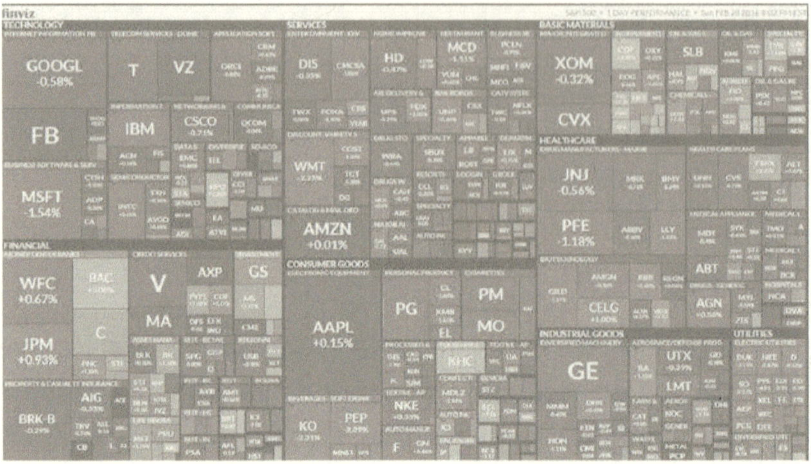

Figura n. 6 - Composición del Dow Jones por capitalización

El índice se basa en la capitalización de mercado total por acción, dividida por el número de empresas. Cuanto mayor sea la capitalización bursátil de la empresa, mayor será el impacto en el índice. Un ejemplo de esto es el FTSE 100.

Índice compuesto

Los índices compuestos proporcionan una evaluación estadística del desempeño de un mercado o sector a lo largo del tiempo. Son útiles para medir el rendimiento de la cartera de un inversor. Pueden ponderarse por precio o capitalización de mercado. El Nasdaq es un ejemplo de índice compuesto porque mide el desempeño de un índice altamente ponderado por tecnología.

No todas las empresas de este índice son iguales. La composición del índice cambia de vez en cuando, de acuerdo con las reglas determinadas por la calculadora de índices. Algunas empresas le dan más importancia que otras. Es decir, forman una parte mayor del índice y la cotización de sus acciones tendrá un mayor impacto en el índice.

Analicemos los indicadores.

- Qué empresas están incluidas.
- ¿Cuáles son las reglas para agregar o eliminar empresas?
- ¿Con qué frecuencia cambia el indicador?

A veces hablamos de reequilibrio, pero algunas empresas se eliminan y otras se agregan regularmente.

- ¿Qué áreas de mercado cubren?

No todos los índices cubren las acciones más grandes y algunos, como el FTSE 350 y Russell 2000, se calculan para medir el desempeño de empresas más pequeñas.

El precio de un índice cambia constantemente a medida que cambia el precio de la acción subyacente.

<u>Índice de referencia</u>

De vez en cuando, los periodistas y analistas pueden consultar el índice del mercado de referencia, que es el índice más utilizado para trazar la dirección del mercado. Algunos de los representativos son:

- El índice industrial Dow Jones es el índice bursátil original creado por Charles Dow en 1884. Sigue los precios de las 30 principales empresas en la Bolsa de Valores de Nueva York.
- El Standard & Poor's 500 (S & P500) es el índice bursátil

más monitoreado en el mercado de valores de EE. UU. Realiza un seguimiento de los precios de las 500 principales empresas que cotizan en la Bolsa de Valores de Nueva York y el Nasdaq.

- FTSE 100: lanzado en 1984, el FTSE sigue los precios de las empresas más grandes que cotizan en la Bolsa de Valores de Londres por capitalización de mercado.
- El Nikkei Stock Average es un indicador del mercado de valores líder de Japón, que cubre las acciones de 225 empresas que cotizan en la Bolsa de Valores de Tokio.
- Euro Stoxx 50: este índice está diseñado para rastrear los precios de las 50 acciones más importantes de los países de la zona euro.
- DAX: Fundado en 1988, DAX cubre las acciones de las 30 empresas más grandes que cotizan en la Bolsa de Valores de Frankfurt.
- CAC: rastrea 40 empresas importantes que cotizan en la Bolsa de Valores de París.
- ASX: el índice de referencia del mercado de valores australiano ASX 200, que clasifica los precios de las acciones de las 200 empresas más grandes que cotizan en la Bolsa de Valores de Australia por capitalización de mercado.

Qué mueve a los índices

Los índices generalmente están influenciados por movimientos de mercado más amplios que afectan los precios de muchas empresas. Algunos de los factores más representativos son los siguientes:

- Inquietud y malestar político
- Datos económicos, por ejemplo, estadísticas de inflación e indicadores de desempleo.
- Tendencias de las tasas de interés
- Buenas o malas noticias que involucran a empresas más grandes del mismo sector, como la minería y la banca.
- Tendencia bursátil en el índice

> ***Inflación**: indica cómo el nivel de precios promedio de una canasta de bienes y servicios tiende a aumentar durante un cierto período de tiempo. Suele expresarse en porcentaje y generalmente se compara con períodos anteriores. También indica cómo se mueve el poder adquisitivo de una moneda dentro de una nación.*

Qué son las acciones

Una acción es literalmente solo eso, una acción de una empresa. La propiedad de acciones significa que tú eres propietario de una parte de la empresa y tiene derecho a una parte de las ganancias y los derechos de voto de la empresa.

Las empresas venden acciones porque quieren recaudar dinero, quizás para expandir aún más su negocio. Pueden hacer esto tomando un préstamo o emitiendo bonos, o vendiendo parte de la empresa; esto se denomina "emisión de acciones".

Los accionistas esperan que una vez que compren las acciones de una empresa, las operaciones de la empresa mejorarán y las acciones costarán más en el futuro. Debido a que las acciones otorgan a sus propietarios una participación en la empresa, también se denominan acciones o mercados de acciones. Esto es para distinguirlos de los bonos que también son emitidos por empresas pero que no proporcionan capital social.

Acciones comerciales

OPI

Una oferta pública inicial (OPI) es la primera emisión de acciones de la empresa. Los mercados a menudo se activan mediante una oferta pública inicial o una oferta pública inicial. Esta es la primera vez que las acciones de una empresa cotizan en el mercado. Inicialmente, las acciones se venden por suscripción, donde los inversores pueden solicitar acciones. Luego se pueden comprar y vender en la bolsa de valores, como es habitual en una bolsa de valores.

Las acciones se pueden comprar o vender en la bolsa de valores, a través de un corredor. Las bolsas de valores conocidas incluyen la Bolsa de Valores de Nueva York (NYSE), la Bolsa de Valores de Londres (LSE) y el NASDAQ.

No todas las grandes empresas cotizan en la bolsa de valores, existen marcas domésticas muy grandes y conocidas que todavía son de propiedad privada. Además, algunas grandes empresas solo cotizan una parte de sus acciones en la bolsa de valores, mientras que el resto sigue siendo de propiedad privada o estatal. La parte que figura en la lista se denomina "acciones flotantes".

Dividendos

Las acciones pagan dividendos a sus propietarios. Por lo general, esto se hace de forma regular, por ejemplo, trimestralmente. Representa la parte de las ganancias de la empresa que se paga a sus propietarios finales, los accionistas. Las empresas no están obligadas a pagar dividendos, pero muchas lo hacen de forma regular, lo que significa que sus acciones también se valoran por sus características de renta.

Acciones corporativas

La vida de una gran empresa no es fluida y hay una serie de eventos importantes que afectan el precio de sus acciones que los comerciantes / inversores deben conocer:

- Fusión de empresas o adquisición de una empresa por otra.
- Tratos de directores: cuando los directores compran o venden sus propias acciones en una empresa.
- Emisiones de derechos: la emisión de más acciones al mercado para atraer más dinero.
- Recompra de acciones: cuando una empresa comienza a recomprar sus propias acciones, reduce el número de acciones disponibles en el mercado.
- Dividendo especial: un dividendo que pagan las empresas cuando se sienten particularmente ricas en dinero, no un dividendo ordinario.
- División de acciones: una empresa divide sus acciones en acciones más pequeñas, a menudo porque se vuelven

demasiado caras para negociar.

¿Quién negocia con acciones?

Los inversores minoristas pueden comprar y vender acciones abiertamente a través de una bolsa de valores a través de un corredor. Sin embargo, muchas acciones son compradas por instituciones financieras como bancos, fondos de pensiones e inversores institucionales.

¿Qué afecta el precio de una acción?

Muchas cosas pueden afectar el precio de una acción, entre otras:

- Ganancias: Las ganancias son ganancias que la empresa recibe y debe reportar periódicamente. Los inversores analizan las ganancias de la empresa para asegurarse de que sean mejores o peores de lo esperado.

- Noticias de la empresa: noticias sobre nuevos productos, cambios en la gestión, cambios en la estrategia, todo esto puede afectar el precio de las acciones.

- Noticias externas: Las noticias relacionadas con la industria de la compañía, la competencia y las condiciones comerciales pueden afectar la oferta y la demanda y, por lo tanto, el precio de estas acciones.

El mercado de divisas es mucho más grande que el mercado de valores. El volumen diario de los mercados monetarios extranjeros mundiales se estima en más de 4 billones de dólares estadounidenses.

Pares de divisas

Forex es el mercado más negociado del mundo con una gran cantidad de operaciones todos los días.

El comercio de divisas (Forex) o FX implica negociar los precios de las divisas mundiales, mientras que el City Index puede negociar a los precios de una amplia gama de divisas del mundo. El comercio de divisas te permite especular sobre el movimiento de una divisa frente a otra, y se negocia en pares, como el euro frente al dólar estadounidense (EUR / USD).

El mercado que no duerme

El mercado de divisas permanece abierto las 24 horas del día. No existe un intercambio central para el comercio en el mercado Forex: en cambio, los precios se deciden mediante el comercio interbancario, el intercambio de divisas entre bancos de forma permanente, en todo el mundo.

Las divisas se negocian en pares, lo que significa que solo puede negociar una divisa con otra. No se puede operar con divisas individualmente. Cada moneda tiene su propio código de tres letras, por ejemplo, el dólar estadounidense se reduce a USD.

En la mayoría de los casos, operar con una divisa dentro de un par tiene una de las siguientes características:

Dólar estadounidense	*Dólar estadounidense*	*Libra británica*	*GBP*

Euro	EUR	Dólar canadiense	CANALLA
Yen japonés	Guay	Franco suizo	CHF

Si toma una cotización de moneda típica, aquí tenemos USD / JPY. Esto muestra cuántas unidades monetarias de la derecha, en este caso el yen, puede comprar por la moneda de la izquierda, es decir, el dólar estadounidense.

Si los operadores tienen una perspectiva positiva sobre el yen, entonces esperan que la figura de la derecha baje, es decir, el yen se volverá más fuerte frente al dólar. Los comerciantes comprarán menos yenes por dólar, ya que el yen se fortalece. Asimismo, si se esperaba un debilitamiento del yen, los operadores esperarían que el yen subiera, lo que refleja el hecho de que el dólar puede comprar más yenes.

Figura n. 7 - Cambio USD / JPY

Los mercados de divisas nunca caen en términos absolutos: si una divisa sube, otras se debilitarán frente a ella. Todas las monedas no pueden subir al mismo tiempo. Siempre habrá un perdedor.

¿Quién opera en los mercados de divisas?

Los mercados de divisas son importantes para una amplia gama de participantes; bancos, corredores, fondos de cobertura y comerciantes-inversores que comercian con divisas. Cualquier empresa que trabaje o tenga clientes en el exterior deberá operar con divisas. Los bancos centrales también pueden estar activos en los mercados de divisas, ya que buscan mantener la moneda de la que son responsables dentro de un cierto rango.

<u>¿Qué impulsa los mercados de divisas?</u>

- Datos económicos: Afecta especialmente a áreas tan críticas de la economía del país como la inflación, el desempleo, el comercio exterior o las nóminas.

- Bancos centrales: pueden tener un impacto importante en el desempeño de las monedas, por ejemplo, cambiando las tasas de interés o imprimiendo más dinero. Los bancos centrales también pueden comprar y vender su propia moneda para mantenerla dentro de un cierto nivel.

- Factores políticos: cada vez más, la incertidumbre política puede convertirse en la fuerza impulsora de los mercados de divisas. Por ejemplo, tradicionalmente se considera que el franco suizo es la moneda de refugio. Algo tan trivial como un discurso de un ministro de finanzas puede tener un gran impacto en la moneda.

Intercambio versus venta libre

> ***En el mostrador****: cuando los valores se negocian a través de una red de agentes de bolsa, es decir, fuera de una bolsa de valores oficial como la Bolsa de Valores de Nueva York (NYSE). A menudo, estos valores no tienen los requisitos mínimos para cotizar en una bolsa de valores normal.*

Las operaciones de cambio contra el mercado extrabursátil se llevan a cabo directamente entre las dos partes, sin control del mercado. Esto contrasta con el intercambio comercial, que se realiza a través de intercambios. La ventaja de un intercambio es que promueve la liquidez, proporciona transparencia y respalda el precio actual del mercado. En el caso de la negociación extrabursátil, el precio no se revela necesariamente al público.

La negociación OTC, como la negociación en bolsa, se produce con bienes, instrumentos financieros (incluidas acciones) y derivados de dichos productos. Los productos que se comercializan en una bolsa deben estar bien estandarizados. Esto significa que los bienes entregados a un intercambio corresponden a un rango estrecho de cantidad, calidad e identidad, que está definido por el intercambio y es idéntico a todas las transacciones con este producto. Esto es necesario para garantizar que el comercio sea transparente. No existe tal restricción en el mercado OTC. Pueden estar de acuerdo, por ejemplo, en una cantidad inusual. En el mercado OTC, los contratos de mercado son bilaterales (es decir, el contrato es solo entre dos partes) y cada parte puede tener preocupaciones sobre el riesgo crediticio de la otra parte. El mercado de derivados OTC es importante para determinadas clases de activos: tipos de interés, divisas, acciones y materias primas.

En 2008, las transacciones "extrabursátiles" representaron alrededor del 16 por ciento de todas las transacciones en la bolsa de valores de Estados Unidos; en abril de 2014, este número había aumentado a alrededor del 40%. Si bien el monto nocional de derivados OTC en circulación disminuyó un 3,3% a fines de 2012 en comparación con el año anterior, las transacciones de compensación a fines de 2012 ascendieron a 346,4 billones de dólares. A fines de junio de 2013, las estadísticas del Banco de Pagos Internacionales sobre Mercados de Derivados OTC muestran que los montos nocionales de las transacciones actuales ascendían a aproximadamente $ 693 billones. El valor de mercado bruto de los derivados OTC, es decir, el costo de reemplazar todos los contratos pendientes a los precios de mercado actuales, cayó de $ 25 billones a $ 20 billones desde finales de 2012 hasta finales de junio de 2013.

Apertura de cuentas de corretaje y costos

Comisión y tarifa

La comisión es la tarifa por el servicio que el corredor o consultor de inversiones evalúa para brindar asesoramiento de inversión al cliente o para atender compras y ventas de valores.

Existen importantes diferencias entre comisiones y honorarios, al menos en la forma en que se utilizan estas palabras para describir a los consultores profesionales de servicios financieros. Un asesor o corredor que trabaje a comisión ganará dinero vendiendo productos de inversión como fondos mutuos y anualidades, así como ejecutando transacciones con el dinero del cliente. Un asesor pagado cobra una tarifa por administrar el dinero del cliente a una tasa única. Puede ser una cantidad en dólares o un porcentaje de los activos bajo administración (AUM). Las ventas entre miembros de la familia suelen ser obsequios en forma de acciones, que no son comisiones.

Propagar

Normalmente, el diferencial se define como la diferencia entre dos cifras comparables. En el mercado de valores, el diferencial es la diferencia entre el precio de venta más bajo y el precio de oferta más alto. Si el precio de venta más bajo de una acción de ABC es de $ 25 y el precio de oferta más alto es de $ 24,75, el margen para las acciones de ABC es de $ 0,25.

En el comercio de materias primas, el diferencial es la posición que toma un inversor al comprar dos o más opciones para vender el mismo activo subyacente con diferentes fechas de entrega. Este tipo de margen se denomina "margen" y se utiliza para reducir las pérdidas que resultan de la volatilidad del activo subyacente.

En valores de renta fija, el diferencial se conoce como la diferencia de rendimiento entre dos valores diferentes con el mismo vencimiento o dos valores idénticos con diferentes fechas de vencimiento. Por ejemplo, mientras que un bono corporativo a 5 años con calificación AAA tiene un rendimiento del 5% y un bono corporativo a 10 años con calificación AAA del 7%, el diferencial entre estos dos bonos similares es del 2%.

Finalmente, en el mundo de la banca de la inversión / suscripción, el diferencial es la diferencia entre lo que el suscriptor paga al emisor por las acciones recién emitidas y lo que el público paga al suscriptor por estas acciones. XYZ Corp. puede crear nuevas acciones que el suscriptor pagará $ 10 cada una. Si el suscriptor luego vende estas acciones al público a $ 12 por acción, el margen es de $ 2 por acción. Por ejemplo, si se realizó una transacción para comprar 10,000 unidades de EUR / USD al precio de ASK 1.3455 y el precio de compra fue 1.3450 al mismo tiempo con un spread de 5 puntos, podemos decir que esta es una diferencia, porque en el momento de la apertura de la transacción, el precio al que se podía vender era 5 puntos inferior, lo que habría supuesto una pérdida de este importe (1,3455 menos 1,3450 = 0,0005 puntos).

Si el mercado subió 5 pips en el momento siguiente (oferta 1.3455 / ASK 1.3460), lo que habría permitido cerrar una operación en una base de equilibrio (sin ganancias o pérdidas), o si se movió 5 pips hacia abajo en el momento siguiente que hubiera resultado en una pérdida de 5 pips, el diferencial debe agregarse a cualquier ganancia o pérdida. En este ejemplo, un movimiento hacia arriba permitiría alcanzar el punto de equilibrio, mientras que un movimiento hacia abajo daría como resultado una pérdida de 10 pips (5 pips spread + 5 pips tasa de mercado).

Por lo tanto, el diferencial y la comprensión de cómo puede aumentar su valor comercial y cómo se carga, en teoría, es una parte importante de la gestión de su comercio.

Diferencia entre spreads y comisiones

Además de los diferenciales, las comisiones son montos fijos en dólares estadounidenses o un porcentaje del valor de la transacción, que se agregan a las transacciones fijas, por ejemplo, al abrir y / o cerrar una posición. Si bien algunas empresas solo pueden cobrar diferenciales y otras solo pueden cobrar comisiones y algunas empresas pueden cobrar ambos, vale la pena señalar el monto total de las tarifas. Sin embargo, esto en sí mismo puede no ser indicativo de la calidad del servicio o desempeño.

Sin embargo, los dos principales costos de negociación son los diferenciales y las comisiones y, por lo tanto, los comerciantes deben consultar con su corredor para averiguar cuáles son los diferenciales, si los hay, para cada instrumento negociado por su empresa y / o cuáles son las comisiones para todos los productos disponibles.

Abrir una cuenta de corretaje

Elegir la cuenta de corretaje adecuada puede parecer un proceso complicado, pero no necesariamente lo es.

En primer lugar, es importante comprender qué tipo de cuenta necesitas y luego podrás elegir una según las ofertas que encuentres en línea.

Una guía sencilla sobre cómo abrir una cuenta de corretaje:

<u>1) Identifica el tipo de cuenta de corretaje que necesitas.</u>

¿Cuáles son tus objetivos de inversión? Si solo deseas invertir para un día o un objetivo relativamente a corto plazo, y no deseas que tu dinero esté inmovilizado hasta que te jubiles, lo que necesitas es una cuenta de corretaje tradicional. Estas cuentas no tienen ventajas fiscales; es posible que debas pagar impuestos sobre ellas.

Por otro lado, si tu objetivo es ahorrar dinero para la jubilación, una IRA es su mejor opción. Las cuentas IRA tradicionales pueden obtener deducciones de impuestos cuando contribuya a ellas, pero no podrás usar tu dinero hasta que tengas 59 años y medio. Las contribuciones a las cuentas IRA Roth no te otorgan un beneficio fiscal cuando las haces, pero los retiros calificados estarán libres de impuestos. Además, puedes retirar contribuciones Roth (pero no tus ingresos por inversiones) cuando lo desees.

2) Compara costos e incentivos

Hoy en día, muchos de los corredores de descuento más grandes ofrecen operaciones sin comisiones. También pueden ofrecerte un descuento para recompensarte por ciertas acciones, como operaciones de alto volumen o el mantenimiento de una cuenta de ahorros con la misma empresa.

Dicho esto, es importante revisar el programa completo de precios de los corredores, especialmente si planeas negociar con algo que no sean acciones (opciones, fondos, bonos, etc.), ya que estos a menudo tienen sus propios costos. Además de la tasa de comisión estándar, algunos corredores pueden cobrar $ 0,75 por contrato de opción.

Además, algunos corredores pueden ofrecer incentivos para promover tu negocio, aunque un incentivo por sí solo no es suficiente, pero vale la pena considerarlo.

3) Considera los servicios y comodidades ofrecidos

Los precios no lo son todo, especialmente para los nuevos inversores. Por supuesto, en igualdad de condiciones, es mejor encontrar el precio más bajo, pero aquí hay algunas otras cosas a considerar al elegir un corredor.

Muchos corredores proporcionan sus propias calificaciones de acciones, así como acceso a investigaciones de terceros realizadas por empresas como Standard & Poor's y Morningstar.

Comercio exterior: algunos corredores ofrecen la posibilidad de convertir dinero de tu cuenta en moneda extranjera para comerciar en bolsas internacionales. Si esto es importante para ti, asegúrate de que el corredor que elijas lo permita.

Plataformas de negociación: varios corredores ofrecen una amplia variedad de software de negociación y aplicaciones móviles, y muchos de ellos le permiten probar sus plataformas antes de abrir una cuenta.

Algunas grandes redes ofrecen guías de inversión personalizadas. Además, los corredores administrados por los bancos ofrecen a los clientes la capacidad de vincular sus cuentas de corretaje y control, transfiriendo dinero entre cuentas en tiempo real, y pueden ofrecer una especie de "descuento de relación" para hacerlo. Por esta razón, también es una buena idea verificar si su banco tiene una agencia de corretaje en línea.

Además de lo anterior, echa un vistazo al sitio web de tu futuro corredor antes de elegirlo.

4. Decidir sobre una empresa de corretaje

Has recopilado su información sobre los costos y tarifas de varias empresas y las ventajas que ofrecen. Ten siempre en cuenta los pros y los contras antes de realizar cualquier comercio de acuerdo con los objetivos definidos.

5. Completa la solicitud para abrir una nueva cuenta

Puedes solicitar una nueva cuenta en línea. Necesitarás alguna información de identificación como tu número de seguro social y licencia de conducir. Es posible que debas firmar formularios adicionales si estás solicitando privilegios de negociación de opciones o márgenes y el corredor deberá recopilar información sobre tus activos netos, estado operativo, activos invertidos y objetivos de inversión.

6. Financia tu cuenta

Tu nueva casa de bolsa probablemente te dará varias opciones para transferir dinero a tu cuenta, entre otras:

- Transferencia electrónica de fondos (EFT): una transferencia desde un cheque vinculado o una cuenta de ahorros es una forma conveniente de depositar fondos en tu cuenta. En la mayoría de los casos, los fondos se acreditarán en tu cuenta el siguiente día hábil.
- La transferencia bancaria es la forma más rápida de depositar fondos en una cuenta. Dado que la transferencia bancaria es una transferencia bancaria directa de dinero, a menudo se realiza en unos pocos minutos.
- Cheques: las formas aceptables de depósito de cheques

y la disponibilidad de fondos varían según el corredor.

- Transferencia de activos: es un método aceptable de financiación.

- Compartir certificados - Sí, todavía existen. Si tienes un certificado de acciones en papel, puedes enviarlo por correo a una cuenta de corretaje en línea.

Finalmente, al depositar en tu nueva cuenta, no olvides los mínimos de tu corredor. Muchos de ellos tienen diferentes requisitos mínimos para cuentas imponibles y cuentas de pensiones, y también pueden tener diferentes requisitos mínimos para cuentas de margen.

7. Empieza a estudiar inversiones

Felicitaciones por tu iniciativa y la apertura de una cuenta de corretaje; en el futuro, te agradecerás por dar este importante paso hacia la seguridad financiera.

Ahora viene lo más interesante: invertir en acciones. Antes de sumergirse, es útil dedicar un tiempo a aprender los conceptos básicos de la selección responsable de acciones, bonos y / o fondos, así como a crear una cartera diversa.

CAPÍTULO DOS

ACTIVOS

Bolsa

Las 10 bolsas más grandes de 2020

1. Bolsa de Valores de Nueva York:

La Bolsa de Valores de Nueva York es la bolsa de valores más grande del mundo. Fue la primera bolsa de valores del continente norteamericano. Se estableció en 1792, después de la Revolución Americana. Desde el final de la Primera Guerra Mundial, la Bolsa de Nueva York ha mantenido su posición número uno, ya que le robó el título a la Bolsa de Londres. La Bolsa de Valores de Nueva York por sí sola representa alrededor del 40% de la capitalización del mercado de valores mundial, y su capitalización de mercado es de $ 16 billones.

Top 10 Companies in the Dow Index

by market capitalization - Feb 2020

Company	Industries	Market Cap. ($)
1. Microsoft	Systems Software	1.428 T
2. Apple	Technology Hardware	1.400 T
3. Visa	Data Processing & Services	449.3 B
4. JPMorgan	Diversified Banks	423.0 B
5. Johnson & Johnson	Pharmaceuticals	398.6 B
6. Walmart	Hypermarkets & Super Centers	330.4 B
7. Procter & Gamble	Personal Products	311.3 B
8. Intel	Semiconductors	281.3 B
9. United Health Group	Managed Health Care	274.0 B
10. Exxon Mobil	Integrated Oil & Gas	260.3 B

Top 10 public listed companies in the Dow Jones index by market capitalization as of 7 Feb 2020

Figura n. 8 - Las 10 principales empresas del Dow Jones en febrero de 2020

2. El mercado de valores NASDAQ:

En 1971 se fundó la Bolsa de Valores NASDAQ en Nueva York. Hicieron falta unos cincuenta años para convertirse en la segunda bolsa de valores más grande del mundo. NASDAQ es considerado un centro para empresas de tecnología gracias a la presencia de las empresas de tecnología más grandes del mundo como Apple, Microsoft, Facebook y otras. NASDAQ tiene una capitalización de mercado de 10 billones de dólares.

3. Bolsa de Valores de Tokio:

También considerado un centro cosmopolita del mundo. Fue fundada en 1878. Aunque no se comercializó durante cuatro años después de la Segunda Guerra Mundial. Todavía se encuentra en el Top 3 de las bolsas de valores del mundo. Más de 2.400 empresas están registradas en esta bolsa de valores, incluidas algunas de las empresas más famosas y grandes del mundo; como Toyota, Honda y Sony. La capitalización de mercado de la Bolsa de Valores de Shanghái es de 6,19 billones de dólares estadounidenses.

4. Bolsa de Valores de Shanghái:

La Bolsa de Valores de Shanghai es la bolsa de valores más grande de China y de toda Asia. Este intercambio fue fundado en 1866, pero sus bases modernas se sentaron en 1990, porque fue abolido después de 1949, cuando se fundó China. Más de 1.100 empresas están registradas en él. Tienen tipos de acciones, las acciones tipo "A" se negocian en yuanes, mientras que las acciones tipo "B" se negocian en dólares estadounidenses. Las acciones de Shanghái tienen una capitalización de mercado de 5,01 billones de dólares.

5. Bolsa de Valores de Euronext:

Euronext es una bolsa de valores multinacional. Se establece en la primera bolsa de valores del mundo, la Bolsa de Valores de Amsterdam. Gracias a lo cual la Eurozona todavía tiene su sede en Ámsterdam (Países Bajos). También es conocida como la Bolsa de Valores de Europa y es la mejor bolsa de valores de Europa. Euronext opera actualmente en Francia, Bélgica, Irlanda y Portugal, con más de 1300 empresas que cotizan en la bolsa. Euronext tiene una capitalización de mercado de 4,65 billones de dólares estadounidenses.

6. Bolsa de Valores de Londres:

La Bolsa de Valores de Londres (LSE) es considerada uno de los tres centros cosmopolitas del mundo. Los otros dos son la Bolsa de Valores de Nueva York y la Bolsa de Valores de Tokio. Fue fundada en 1698. El London Stock Exchange Group opera esta bolsa. Más de 3.000 empresas cotizan en este último. Antes de la Primera Guerra Mundial, era la bolsa de valores más grande del mundo. Varias empresas muy famosas cotizan en la Bolsa de Valores de Londres. Por ejemplo, Barclays, GSK y British Petroleum. Hoy, la capitalización de mercado de la Bolsa de Valores de Londres es de 4,59 billones de dólares.

7. La Bolsa de Valores de Hong Kong:

La Bolsa de Valores de Hong Kong se creó en 1891. Hay 2.315 empresas registradas en esta bolsa. Casi el 50% de estas empresas tienen su sede en China continental. Se ha transformado en una bolsa de valores de comercio electrónico a partir del comercio físico. Varias empresas conocidas están registradas en la Bolsa de Valores de Hong Kong; por ejemplo, AIA, PetroChina y HSBC. La capitalización de mercado de la Bolsa de Valores de Hong Kong es de 3,9 billones de dólares estadounidenses.

8. Bolsa de Valores de Shenzhen:

La ciudad de Shenzhen también es conocida como Silicon Valley de China. Por su crecimiento financiero y tecnológico es una metrópoli desarrollada. Por lo tanto, la presencia de una gran bolsa de valores no será una sorpresa. La Bolsa de Valores de Shenzhen se fundó en 1990 después de que Deng Xiaoping la declarara zona económica especial. Más de 2.000 empresas están registradas en la bolsa de valores y muchas de ellas tienen sus oficinas en China. La bolsa de valores cotiza sus acciones en yuanes chinos. La capitalización de mercado de la Bolsa de Valores de Shenzhen es de 3,51 billones de dólares.

9. Bolsa de Valores de Toronto:

La Bolsa de Valores de Toronto (TSX) es una de las bolsas más famosas del mundo. TSX pertenece y es operado por TMX Group. Esta bolsa de valores fue fundada en 1852. Recientemente, han mantenido negociaciones sobre la fusión de TSX con la Bolsa de Valores de Londres. Pero no fue un éxito. Hay 2.207 empresas que cotizan en la Bolsa de Valores de Toronto y su capitalización de mercado es de 3.256 billones de dólares.

10. Bolsa de Valores de Bombay:

La Bolsa de Valores de Bombay fue fundada en 1875 durante el Raj británico. Era la principal bolsa de valores del continente más importante: Asia. Actualmente, el mayor número de empresas cotiza en la Bolsa de Valores de Bombay. Según la investigación de Visual Capitalist, 5.749 empresas están registradas en el mercado de valores, pero la mayoría son pequeñas. Está ubicado en Dalal Street, Mumbai. La capitalización de mercado de BFB es de 2,19 billones de dólares.

Las personas que negocian con acciones preferirán negociar en el mercado de valores más popular, ya que proporciona el número más importante de contrapartes potenciales (compradores por vendedor, vendedores por comprador) y, sin duda, el precio más fácil. Sin embargo, siempre ha habido alternativas, como los corredores, que han intentado unir a las partes para comerciar fuera del mercado. Una de las ventajas es que esto evita la comisión del canje. Sin embargo, también tiene problemas como la selección negativa. Los reguladores financieros han estado investigando los fondos oscuros.

Una bolsa de valores o mercado de valores es una combinación de compradores y vendedores de acciones (también llamadas acciones) que representan la propiedad empresarial; pueden incluir valores que cotizan en un mercado de valores público, así como acciones que se negocian solo de forma privada, así como acciones de empresas privadas que se venden a inversores a través de plataformas de financiación colectiva. Las inversiones dentro de una bolsa de valores se realizan con mayor frecuencia a través de corredores de bolsa y plataformas de negociación electrónica. Las inversiones generalmente se realizan con una estrategia de inversión en mente.

Las acciones a menudo se clasifican según los países en los que cotiza la empresa. Por ejemplo, Nestlé y Novartis cotizan en Suiza y cotizan en la SIX Swiss Exchange, por lo que también pueden considerarse parte de la Bolsa de Valores de Suiza, aunque las acciones también se pueden negociar en bolsas de otros países, como American Depositary Receipts (ADR) en los mercados de valores estadounidenses.

Cepo

Ranking	Brand	2020 Brand Value	YoY % Change	Country	Sector
#1	Amazon	$220B	17.5%	United States	Retail
#2	Google	$160B	11.9%	United States	Tech
#3	Apple	$140B	-8.5%	United States	Tech
#4	Microsoft	$117B	-2.1%	United States	Tech
#5	Samsung	$94B	3.5%	South Korea	Tech
#6	ICBC	$80B	1.2%	China	Banking
#7	Facebook	$79B	-4.1%	United States	Media
#8	Walmart	$77B	14.2%	United States	Retail
#9	Ping An	$69B	19.8%	China	Insurance
#10	Huawei	$65B	4.5%	China	Tech

Figura n. 9 - Las 10 empresas más grandes del mundo por capitalización

Los inversores que mejor compran y mantienen a largo plazo. Esto significa que poseen una cartera diversificada de muchas acciones y las mantienen en las buenas y en las malas.

Invertir en acciones individuales lleva tiempo. Debe estudiar todas las acciones que compra, lo que incluye una inmersión profunda en los huesos de la empresa y sus finanzas. Muchos inversores optan por ahorrar tiempo al invertir en acciones a través de fondos mutuos, fondos indexados y ETF. Esto te permite comprar muchas acciones en una sola transacción, ofreciendo una diversificación instantánea y reduciendo el esfuerzo de inversión.

Los dos tipos principales de acciones son comunes y preferentes. La mayoría de los inversores poseen acciones ordinarias de una empresa pública. Las acciones ordinarias pueden pagar dividendos, pero los dividendos no están garantizados y el monto del dividendo no es fijo.

Las acciones preferidas generalmente pagan un dividendo fijo, por lo que los propietarios pueden esperar recibir una cantidad fija de ingresos por acciones cada año. Los tenedores de acciones preferentes también están a la vanguardia en lo que respecta a las ganancias de la empresa: el exceso de efectivo distribuido como dividendos se paga primero a los accionistas preferentes y, en caso de quiebra de la empresa, los accionistas preferentes reciben cualquier liquidación de activos antes que los accionistas ordinarios.

Cautiverio

Los bonos son una forma de deuda. Los bonos son préstamos o MOU, pero tú actúas como banco. Prestas tu dinero a una empresa, ciudad, gobierno, y ellos prometen devolvértelo en su totalidad, con pagos regulares de intereses. La ciudad puede vender bonos para recaudar dinero para construir un puente, mientras que el gobierno federal emite bonos para financiar su deuda en espiral.

Los inversores nerviosos a menudo acuden en masa a la

seguridad de los bonos, y al flujo constante de ingresos que generan, cuando el mercado de valores se vuelve demasiado volátil. Los inversores más jóvenes deben recortar parte de sus cuentas de pensiones (15% o menos, según la edad, los objetivos y la tolerancia al riesgo) para equilibrar las inversiones basadas en acciones más riesgosas.

Esto no significa que todos los bonos estén libres de riesgo. Algunos bonos han demostrado ser muy riesgosos. Como ocurre con todas las inversiones, le pagan más por comprar un valor más riesgoso. En el mundo de los bonos, este riesgo se manifiesta de diversas formas.

La primera es la probabilidad de que el emisor de bonos haga buenos pagos. Los emisores que demuestren ser menos solventes deberán pagar un rendimiento o tasa de interés más altos. Esta es la razón por la que los emisores más riesgosos ofrecen los llamados bonos de alto rendimiento o "basura". Aquellos en el extremo opuesto del espectro, o aquellos con mejor historial, se consideran bonos de grado de inversión.

Los más seguros son los emitidos por el gobierno de los Estados Unidos, conocidos como "Bonos del Tesoro"; están respaldados por "plena fe y crédito" de los EE. UU. y se consideran prácticamente libres de riesgos. Así, los Bonos del Tesoro pagarán un rendimiento menor que los bonos emitidos por empresas como Johnson & Johnson (grado de inversión). Pero J&J pagará menos intereses que los bonos emitidos por otras empresas.

El tiempo que mantiene el bono (o el tiempo que presta su dinero al emisor del bono) también entra en juego. Los bonos con una vida más larga, digamos un bono a 10 años en comparación con un bono a un año, pagan un rendimiento más alto. Esto se debe a que le pagan por mantener su dinero inmovilizado durante un período de tiempo más largo.

Sin embargo, las tasas de interés probablemente tengan el mayor impacto en los precios de los bonos. Los precios de los bonos caen cuando aumentamos las tasas de interés. Porque cuando las tasas suben, los nuevos bonos se emiten a una tasa más alta, lo que hace que los bonos existentes con una tasa más baja sean menos valiosos.

Por supuesto, si se mantiene el vencimiento de los bonos, no importa cuánto fluctúe el precio. Tu tasa de interés se estableció cuando compraste los bonos, y cuando expire, recuperarás el valor nominal (dinero que invertiste originalmente) de los bonos, hasta que el emisor explote. Pero si necesitas vender tu bono en el mercado secundario, antes de su vencimiento, puedes recuperar una cantidad menor que tu inversión inicial.

Hasta ahora, hemos hablado de bonos individuales. Los fondos mutuos que invierten en bonos, o fondos de bonos, son ligeramente diferentes: los fondos de bonos no tienen una fecha de vencimiento (como los bonos individuales), por lo que la cantidad que has invertido fluctuará, al igual que los pagos de intereses que descartas.

Entonces, ¿por qué preocuparse por un fondo de bonos? Para crear una cartera diversificada de bonos individuales, es necesario. Según el tipo de cartera de bonos que desees crear, es posible que necesites decenas de miles para hacerlo bien. Mientras tanto, los fondos de bonos brindan una diversificación instantánea. Discutiremos las diferencias entre bonos y fondos de bonos con más detalle a continuación.

Antes de sumergirte en el mundo de los vínculos, querrás familiarizarse con los tipos de vínculos disponibles y algo de su vocabulario relacionado.

Los Bonos del Tesoro son emitidos por el gobierno de EE. UU. y se consideran los bonos más seguros del mercado. Como tal, no cobrarás tanto como en otros lugares, pero no tendrás que preocuparte por los valores predeterminados. Se puede tomar como referencia para todos los demás bonos, como los emitidos por empresas y municipios.

Los bonos del tesoro se pueden comprar en incrementos de $ 1,000, se venden a través de una subasta inicial que determina el precio del bono y el monto de los intereses pagados. Puedes pujar directamente a través de TreasuryDirect.gov (sin comisiones) o a través de tu banco o corredor. Operan como cualquier otro valor ordinario en el mercado abierto.

Las Letras del Tesoro o letras del Tesoro, son inversiones a corto plazo que se venden entre unos días y 26 semanas. Se venden con un descuento sobre su valor nominal ($ 1,000), pero cuando las letras del Tesoro vencen, reembolsas el valor nominal completo. La diferencia entre el monto pagado y el valor nominal determinará la ganancia.

Las Notas de tesoría se emiten por dos, cinco y diez años con un descuento de 1000 USD. Las tasas hipotecarias se establecen en relación con un bono a 10 años.

Los Bonos del Tesoro se emiten por 30 años. Se pagan intereses cada seis meses antes del vencimiento.

Valores del Tesoro protegidos contra la inflación (TIPS) se utilizan para proteger tu cartera de la inflación. Los TIPS generalmente pagan una tasa de interés más baja que otros valores del Tesoro, pero el capital y los intereses pagados cada seis meses se ajustan a la inflación según lo medido por el índice de precios al consumidor. Es mejor mantenerlos en una cuenta de impuestos diferidos, como una cuenta de pensión individual o IRA, porque tendrás que pagar un aumento federal en los impuestos al capital, incluso si no recuperas el capital antes de que expire. Cuando los TIPS vencen, los inversores reciben un monto principal ajustado o un monto inicial, el que sea mayor. Los TIPS se venden con vencimientos a cinco, diez y veinte años.

Los Bonos de ahorro son quizás uno de los regalos más aburridos, pero no está de más entender cómo funcionan. Puedes canjear tus bonos de ahorro después de un año, hasta 30 años. Actualmente, se ofrecen en dos versiones, ambas emitidas por el Tesoro de Estados Unidos:

- ***Los Bonos de ahorro EE***ganan una tasa de interés fija y se pueden canjear después de un año (pero pierdes los últimos tres meses de interés si los conservas por menos de cinco años), pero existe la posibilidad de mantenerlos hasta por 30 años. Cuando canjees el bono, recibirás un interés más el monto del bono.
- ***Los Bonos de ahorro***son casi como los bonos de ahorro de EE, excepto que están indexados a la inflación cada seis meses. Estos siempre se

venden a su valor nominal, sin importar si compras certificados de bonos en papel o los compras electrónicamente.

Los Bonos de agencia no son tan seguros como los bonos del tesoro, pero a menudo son más seguros que los bonos corporativos más prístinos. Son emitidos por empresas de propiedad estatal. Dado que estas empresas están autorizadas y parcialmente reguladas por el gobierno, los bonos que emiten se perciben como más seguros que los bonos corporativos. Pero no están respaldados por la "plena fe y crédito" del gobierno de los Estados Unidos como lo son los bonos del tesoro, lo que los haría prácticamente libres de riesgos.

Los Bonos municipales, o Munis como se les llama, son emitidos por estados, ciudades y gobiernos locales para financiar diversos proyectos. Los municipios no están sujetos a impuestos federales y, si vives donde se emiten los bonos, también pueden estar exentos de impuestos estatales. Algunos bonos municipales son más solventes que otros, aunque algunos municipios están asegurados. En caso de incumplimiento de un emisor, la compañía de seguros deberá cubrir la cuenta.

Los Bonos corporativos son bonos emitidos por empresas. La deuda corporativa puede variar desde extremadamente segura hasta extremadamente arriesgada.

El Cupón es otra palabra que denota la tasa de interés que se paga por un bono. Por ejemplo, un bono de $ 1,000 con un cupón del 6% pagará $ 60 al año. La palabra "cupón" se utiliza porque algunos bonos tienen un cupón en papel adjunto que se puede canjear por pago.

La Par también se conoce como el valor nominal del bono, que es la cantidad que recibe el tenedor del bono cuando el bono alcanza su vencimiento. Si las tasas de interés suben por encima de la tasa del bono, el bono se negociará con descuento o por debajo de la par; si las tasas caen por debajo de la tasa del bono, el bono se negociará con una prima o por encima de la del par.

La Duración es una medida de la sensibilidad del precio del bono a cambios en las tasas de interés, medida a lo largo de los años. Los cambios en las tasas de interés son más pronunciados en los bonos con vencimientos más largos. Si tienes un bono con 10 años de vencimiento y las tasas aumentan en un 1%, verás que el precio del bono disminuye en un 10%.

Monedas

Las monedas se utilizan para intercambiar servicios y bienes. En resumen, es dinero en forma de papel o monedas, generalmente emitido por el gobierno y generalmente aceptado a su valor nominal como medio de pago.

La moneda es el principal medio de cambio en el mundo actual, que desde hace mucho tiempo ha reemplazado al trueque como medio para intercambiar bienes y servicios.

En el siglo XXI, una nueva forma de moneda ha entrado en el léxico financiero, la moneda virtual. Las monedas virtuales, como los bitcoins, no tienen forma física ni soporte gubernamental y se venden y almacenan en forma electrónica.

Entendiendo la moneda

En más de una forma, las monedas se han utilizado durante más de 3000 años. El dinero, generalmente en forma de monedas, ha demostrado ser extremadamente importante para facilitar el comercio entre continentes.

La moneda es una forma común de pago, generalmente emitida por un gobierno y circula dentro de su jurisdicción.

El valor de una moneda no es estable, pero varía continuamente según el valor de las otras monedas. El mercado de divisas existe como un medio para beneficiarse de estas fluctuaciones.

Muchos países aceptan el dólar estadounidense como pago, mientras que otros vinculan el valor de su moneda directamente al dólar estadounidense.

La característica clave del dinero moderno es que es inútil en sí mismo. Es decir, los billetes son trozos de papel, no monedas de oro, plata o bronce. El concepto de usar papel como moneda podría haberse desarrollado en China ya en el año 1000 a. C., pero tomó mucho tiempo aceptar un trozo de papel a cambio de algo realmente valioso. Las monedas modernas se producen en papel en varias denominaciones, con una emisión fraccionada en forma de monedas.

Acerca de las monedas nacionales

Según el sitio web WorldAtlas.com, actualmente hay alrededor de 180 monedas nacionales reconocidas por las Naciones Unidas. Hay alrededor de 66 países en el mundo que usan o vinculan su moneda al dólar estadounidense.

La mayoría de los países emiten sus propias monedas. Por ejemplo, la moneda oficial de Suiza es el franco suizo, mientras que la de Japón es el yen. La excepción es el euro, que fue adoptado por la mayoría de los países miembros de la Unión Europea.

Algunos países aceptan el dólar estadounidense como moneda de curso legal además de sus propias monedas. Costa Rica, Ecuador y El Salvador aceptan dólares estadounidenses. Incluso después de la fundación de la Casa de la Moneda de los Estados Unidos en 1792, los estadounidenses continuaron usando monedas españolas porque eran más pesadas y presumiblemente más valiosas.

También hay monedas de marca, como boletos de avión y puntos de tarjetas de crédito, y dólares de Disney. Son producidos por empresas y se utilizan únicamente para pagar los bienes y servicios a los que están vinculados.

Comercio de divisas

El tipo de cambio se define como el valor que asume una moneda con respecto a otra, este tipo de cambio cambia constantemente en función de los acontecimientos económicos y políticos.

Estas fluctuaciones crean un mercado para el comercio de divisas. El mercado de divisas en el que se realizan estas operaciones es uno de los más grandes del mundo por volumen. Todas las transacciones se realizan en grandes volúmenes, con un lote mínimo estándar de $ 100,00. Los operadores de divisas son a menudo profesionales que invierten tanto para ellos mismos como para clientes institucionales, incluidos bancos y grandes corporaciones.

El mercado de divisas no tiene domicilio físico. El comercio es completamente electrónico y está disponible las 24 horas del día para adaptarse a los operadores en cada zona horaria.

Cambio de divisas

Para otros, el comercio de divisas se realiza principalmente en un quiosco del aeropuerto o en un banco durante un viaje.

Los defensores de los consumidores dicen que los viajeros aprovechan al máximo su dinero intercambiando efectivo en un banco o cajero automático en línea. Otras opciones pueden tener tasas más altas y tasas de cambio más bajas.

Entre las divisas negociadas más populares

1. Dólar estadounidense

El dólar estadounidense, a veces llamado dólar, es el principal en el mundo del comercio de divisas, ya que es fácilmente la moneda más negociada del planeta.

El dólar estadounidense a menudo se encuentra en un par de divisas con todas las demás monedas principales y, a menudo, es un intermediario en transacciones de divisas triangulares. Esto se debe a que el Greenback actúa como una moneda de reserva global no oficial, propiedad de casi todos los bancos centrales y estructuras de inversión institucionales del mundo.

Además, debido al reconocimiento mundial del dólar de los Estados Unidos, algunos países lo utilizan como moneda oficial en lugar de la moneda local, una práctica conocida como dolarización. El dólar de los Estados Unidos también es ampliamente aceptado en otros países como una forma de pago alternativa informal, mientras que estos países conservan su moneda local oficial.

El dólar estadounidense también es un factor importante en el mercado de tipos de cambio para otras monedas, donde puede servir como tasa de referencia para aquellos países que decidan fijar o vincular su moneda al dólar. China, por ejemplo, ha vinculado durante mucho tiempo su moneda, el yuan o el renminbi, al dólar, en gran parte debido a desacuerdos entre muchos economistas y banqueros centrales. Muy a menudo, los países fijan sus monedas al dólar estadounidense para estabilizar sus tipos de cambio en lugar de permitir que los mercados libres (forex) administren el valor relativo de la moneda.

El dólar estadounidense también se utiliza como moneda estándar para la mayoría de los productos básicos, como el petróleo crudo y los metales preciosos. Por lo tanto, estos productos básicos no solo están sujetos a fluctuaciones de valor debido a los principios económicos básicos de oferta y demanda, sino también al valor relativo del dólar estadounidense, y los precios son muy sensibles a la inflación y las tasas de interés estadounidenses, lo que puede afectar el valor. del dólar.

2. El euro

El euro se ha convertido en la segunda divisa más negociada después del dólar estadounidense. La moneda oficial de la mayoría de los países de la eurozona, el euro, se introdujo en los mercados mundiales el 1 de enero de 1999, y los billetes y monedas entraron en circulación tres años después.

Además del hecho de que el euro es la moneda oficial de la mayoría de los países de la eurozona, muchos países de Europa y África vinculan sus monedas al euro por la misma razón que el dólar estadounidense; para estabilizar el tipo de cambio. Como resultado, el euro es también la segunda moneda de reserva más grande del mundo.

Dado que el euro es una moneda ampliamente difundida y confiable, domina el mercado Forex y agrega liquidez a cualquier par de divisas con el que opere. Los especuladores suelen negociar con el euro como un juego sobre la salud general de la eurozona y sus estados miembros. Los acontecimientos políticos dentro de la eurozona también pueden generar grandes volúmenes de negociación en el euro, especialmente en países donde los tipos de interés locales se redujeron drásticamente en el momento de la creación del euro, como Italia, Grecia, España y Portugal. El euro puede ser la moneda más "politizada" negociada activamente en el mercado de divisas.

3. Yen japonés

El yen japonés es fácilmente la moneda asiática más negociada y es considerado por muchos como un signo indirecto de la fortaleza fundamental de la economía japonesa, basada en la producción y la exportación, al igual que la economía japonesa. Los operadores de Forex también siguen al yen para evaluar la salud general de la región Pan Pacífico, teniendo en cuenta las economías de países como Corea del Sur, Singapur y Tailandia, ya que estas monedas se negocian mucho menos en los mercados de divisas mundiales.

El yen también es famoso por su papel en el comercio portátil (tratando de beneficiarse del diferencial de tipos de interés entre las dos monedas). La estrategia consiste en pedir prestado el yen de forma prácticamente gratuita (debido a las bajas tasas de interés) y utilizar el dinero prestado para invertir en otras monedas de mayor rendimiento en todo el mundo, lo que convierte el diferencial de tasas de interés en un factor de bolsillo.

Dado que el comercio de transporte es una parte tan importante de la presencia del yen en el escenario internacional, el constante endeudamiento de moneda japonesa hace que sea difícil determinar el costo de los préstamos. Aunque se negocia de la misma forma que cualquier otra moneda, uno de los principales determinantes de su valor es su relación con las tasas de interés internacionales, especialmente con las monedas que se negocian más activamente como el dólar estadounidense y el euro.

4. La gran libra esterlina

La libra esterlina, también conocida como libra esterlina sola, es la cuarta divisa más negociada en el mercado Forex. Aunque el Reino Unido era miembro oficial de la Unión Europea, nunca ha aceptado el euro como moneda oficial por varias razones, a saber, su orgullo histórico por la libra y su control continuo sobre las tasas de interés nacionales. Como resultado, la libra a veces se ve como un juego puro para el Reino Unido.

El valor de la libra esterlina a menudo se basa en la fortaleza general de la economía británica y la estabilidad política de su gobierno. La libra, gracias a su importante valor, se ha convertido en una divisa de referencia para muchos países y, también por ello, representa un componente muy líquido en el mercado Forex. La libra también se considera una moneda de reserva importante debido a su valor relativo históricamente alto en comparación con otras monedas del mundo.

5. Dólar canadiense

También conocido como loonie, el dólar canadiense es probablemente la principal divisa de materias primas del mundo, lo que significa que a menudo sigue el ritmo de los mercados de materias primas, en particular el petróleo crudo, los metales preciosos y los minerales. Dado que Canadá es un exportador tan importante de esos productos básicos, el dólar canadiense suele reaccionar a los movimientos de precios de los principales productos básicos, especialmente el petróleo crudo. Los operadores a menudo negocian con el dólar canadiense para especular sobre el movimiento de los productos básicos o para cubrir posiciones en el mercado de productos básicos.

Al estar muy cerca de la base de consumidores más grande del mundo, Estados Unidos, la economía canadiense y el dólar canadiense están estrechamente vinculados a la economía estadounidense, así como al movimiento del dólar estadounidense.

6. Franco suizo

Por último, el franco suizo, que, como Suiza, es considerado por muchos como una moneda "neutral". Más precisamente, el franco suizo se considera un refugio seguro en el mercado de divisas, principalmente porque tiende a moverse de manera diferente a las divisas de materias primas más volátiles, como los dólares canadienses y australianos. Se sabe que el Banco Nacional Suizo es lo suficientemente activo en el mercado de divisas para garantizar que el franco se negocie dentro de un rango relativamente estrecho, reducir la volatilidad y mantener las tasas de interés bajo control.

Materias primas

Las materias primas son activos duros, que van desde el trigo hasta el oro y el petróleo. El gobierno de los Estados Unidos define los productos básicos en la Ley de intercambio de productos básicos de 1936. La ley cubre el comercio de recursos agrícolas y naturales. Aunque la Ley trata los productos financieros como materias primas, no los considera materias primas. La ley también prohíbe el comercio de cebollas como productos básicos.

- Los bienes son activos sólidos que se pueden tocar.
- Se agrupan en productos agrícolas, energéticos y metalúrgicos.
- Sus precios se negocian diariamente en el mercado de materias primas.
- Como resultado, ciertos precios pueden cambiar con frecuencia, como los de la gasolina y muchos productos alimenticios.

Tipos de materias primas

Dado que existen tantos productos, se agrupan en tres categorías principales: agricultura, energía y metalurgia.

Agricultura

Los productos agrícolas incluyen:

- Cosas como cacao, café, azúcar, etc. Estos productos se denominan mercados de software.
- Granos como trigo, soja, aceite de soja, arroz, avena y maíz.
- Animales que se convierten en alimento, como ganado vivo y cerdo. Cosas que no comerás, como algodón y madera.

Energía

La categoría de energía incluye petróleo crudo, gasolina RBOB, gas natural y fueloil. El comercio de materias primas es un determinante importante de la fijación del precio del petróleo.

Rieles

Los metales incluyen materias primas extraídas como oro, cobre, plata y platino. La Bolsa de Metales de Londres ha anunciado el lanzamiento de contratos de futuros para metales utilizados en baterías. El intercambio espera un gran mercado para tales metales a medida que aumenta la demanda de automóviles eléctricos.

Cómo funciona el mercado de comercio de materias primas

El comercio de bienes determina los precios de todos los bienes. Como resultado, los precios de los bienes más importantes que usa todos los días son volátiles. En algunos casos, como la gasolina, cambian de un día para otro.

Los comerciantes intercambian bienes en el intercambio. Esto significa que los precios cambian todos los días. Esto puede resultar difícil para los consumidores que tienen que lidiar con las fluctuaciones de precios de productos cotidianos como la gasolina, la carne y los cereales.

El comercio de productos básicos afecta especialmente a las personas de bajos ingresos en todo el mundo que pagan más con sus ingresos limitados por los alimentos y el transporte. También hace que la agricultura sea más riesgosa. Ésta es una de las razones por las que el gobierno de Estados Unidos otorga subsidios agrícolas.

Se realiza un comercio importante de petróleo, oro y productos agrícolas. Como nadie quiere transportar estos materiales pesados, en su lugar negocian contratos de futuros. Estos son contratos para comprar o vender a un precio acordado en una fecha específica. Los contratos de productos básicos se valoran en dólares estadounidenses, por lo que, cuando el valor del dólar aumenta, se necesitan menos dólares para comprar la misma cantidad de bienes. Esto conduce a una caída en el precio de las materias primas.

Las finanzas también se negocian en los mercados de futuros. Estos incluyen divisas como el eurodólar a 3 meses y los futuros del euro. También incluyen tasas de interés como un bono del tesoro a 10 años. También hay futuros sobre índices bursátiles, como el S&P 500. Pero la Ley de Bolsa de Productos Básicos no los define como productos básicos.

La CFTC ha decidido que las monedas virtuales, como Bitcoin, son materias primas. Esto significa que las monedas virtuales están controladas por la CFTC.

Mercados de productos básicos y supervisión

Los mercados de productos básicos estadounidenses se encuentran en Chicago, Nueva York y Atlanta. El Grupo CME posee todos menos uno. El Chicago Mercantile Exchange se especializa en productos agrícolas, mientras que el Chicago Board of Trade se especializa en granos. La Bolsa Mercantil de Nueva York se especializa en energía y metales.

El Commodity Exchange está ubicado en la ciudad de Nueva York, aunque es propiedad del CME Group con sede en Chicago. El Intercontinental Exchange, ubicado en Atlanta, ahora es propiedad de la Junta de Comercio de Nueva York. Opera principalmente en los mercados blandos.

En 1975, la Comisión de Comercio de Futuros de Productos Básicos comenzó a regular los productos básicos. La Ley de intercambio de productos básicos estableció estos órganos en 1936 para administrar la Ley y establecer límites federales al comercio especulativo.

Materias primas como término comercial

En los negocios, una mercancía se puede definir como cualquier producto o servicio que se compra y vende exclusivamente a un precio. También puede incluir productos que no difieran de otros en marca, beneficios u otras características distintivas.

Por ejemplo, Coca-Cola es un producto de marca que recibe lealtad y un precio más alto debido a su diferenciación percibida de otras bebidas gasificadas. Una marca de tienda barata es una mercancía porque no difiere mucho de otras marcas de tienda. Se compra principalmente por su bajo precio, no por su sabor.

¿Qué es el índice Big Mac?

The Economist es responsable de la creación del Índice Big Mac, basado en la teoría de la paridad del poder adquisitivo (PPA). A largo plazo, la teoría del SPP sostiene que los tipos de cambio deberían ser iguales al precio de una canasta de bienes y servicios en diferentes países. Con ingredientes idénticos en casi todos los países, el Big es una canasta excelente porque el precio es un indicador real de una serie de factores económicos locales, que van desde el costo de los ingredientes hasta el costo de la producción local y la publicidad. Por lo tanto, muchos economistas creen que la métrica de PPA resultante es un indicador razonable del poder adquisitivo real. Pero los inversores deben tener en cuenta que existen algunas excepciones importantes a esta regla.

Cómo funciona el índice Big Mac.

El valor del Índice Big Mac se obtiene dividiendo el precio del Big Mac en un país por el precio del mismo sándwich en otro país en las respectivas monedas locales para obtener el tipo de cambio. Luego, este tipo de cambio se compara con el tipo de cambio oficial entre las dos monedas para determinar si una moneda en particular está subvaluada o sobrevaluada según la teoría de la PPA.

Por ejemplo, supongamos que un Big Mac en los EE. UU. Vale un dólar estadounidense y en la zona euro vale dos euros. El puntaje del índice Big Mac para EUR / USD será 2.0, o dos dividido por uno, que luego se puede comparar con la tasa EUR / USD. Si el tipo de cambio EUR / USD fuera de 1,5, los inversores podrían predecir que el euro está infravalorado en 0,5 euros por dólar estadounidense.

Variaciones en el índice Big Mac

También hay muchas variantes en el índice Big Mac, que pueden ser útiles para los inversores. Por ejemplo, UBS Wealth Management ha ampliado el índice para dar cuenta de cuántas horas tiene que trabajar el empleado medio para ganar lo suficiente para comprar una Big Mac.

Otros grupos han creado índices separados para el iPod de Apple, el café Starbucks, las estanterías Ikea Billy y mucho más.

El índice de precios al consumidor (IPC), un indicador clave de inflación, incluye todos los productos. Sin embargo, algunos economistas creen que algunos productos pueden proporcionar indicadores más precisos, ya que el IPC puede estar distorsionado por ciertas categorías de productos o manipulado por algunos gobiernos.

Existe un inconveniente similar al utilizar el índice Big Mac; incluye una sola unidad y no tiene la misma diversificación que otros indicadores económicos que toman en cuenta muchos bienes y servicios diferentes.

El índice Big Mac como herramienta de investigación.

Es posible que los inversores en los EE. UU. No vean mucha necesidad del índice Big Mac, ya que ya existen varios índices de precios de buena reputación, como el índice de precios al consumidor (IPC). Sin embargo, el índice también se está volviendo útil en otros países donde no existen índices confiables, como los que manipulan estadísticas gubernamentales o los que no publican datos oficiales. En estos países, puede resultar difícil para los inversores comparar la inflación al consumidor con el tipo de cambio.

Por ejemplo, muchos economistas creen que Argentina modificó sus datos oficiales de precios al consumidor para subestimar la verdadera tasa de inflación entre 2010 y 2012. El economista usó su índice Big Mac para encontrar que la tasa de inflación anual promedio de las hamburguesas era del 19% en comparación con la tasa oficial 10. % de la tasa de inflación del país en enero de 2011. Estos datos podrían ayudar a los inversores internacionales a obtener una imagen real de la inflación al intentar estimar el valor de los bonos u otros valores sensibles a la inflación.

Otras formas de utilizar el índice de Big Mac

Los inversores pueden utilizar los datos del índice Big Mac de diversas formas. Por ejemplo, pueden usar valores para determinar si una moneda está sobrevaluada o infravalorada en relación con otras monedas y luego negociar basándose en esos datos en el mercado de divisas. Del mismo modo, los inversores pueden medir los cambios en los valores a lo largo del tiempo para determinar las tasas de inflación y compararlas con los datos oficiales.

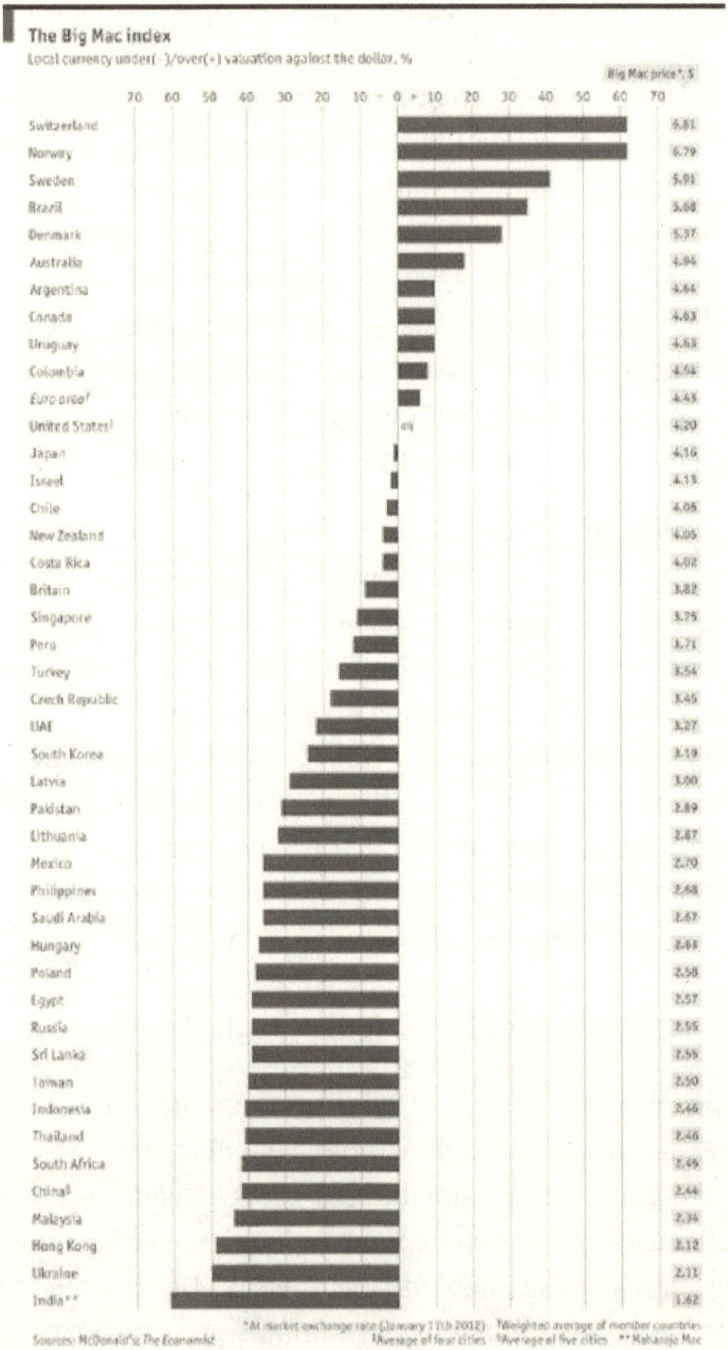

Figura n. 10 - El índice Big Mac

La inflación en sí es de gran utilidad a la hora de evaluar instrumentos financieros. Por ejemplo, los rendimientos de los bonos deben tener en cuenta las tasas de inflación anticipadas para que sean atractivos en el futuro. La inflación también afecta las estimaciones monetarias, lo que es importante para los responsables de la formulación de políticas a la hora de determinar si los aranceles u otras barreras comerciales están justificados.

En última instancia, los inversores internacionales deberían utilizar el índice Big Mac como una de las muchas herramientas a su disposición al analizar los mercados internacionales.

ETF

Un ETF es un contenedor donde hay varios valores que se compran y venden a través de una casa de bolsa en la bolsa de valores. Existen ETF para casi todas las clases de activos, desde inversiones tradicionales hasta inversiones alternativas con materias primas o divisas.

Los fondos de intercambio son uno de los productos más importantes y valiosos creados para inversores individuales en los últimos años. Los ETF ofrecen muchas ventajas y, si se utilizan con prudencia, son una excelente herramienta para lograr los objetivos de inversión de un inversor.

En resumen, los ETF son una canasta de valores que se pueden comprar o vender a través de una casa de bolsa en la bolsa de valores. Además, las estructuras ETF innovadoras brindan a los inversores la oportunidad de acortar sus mercados, obtener apalancamiento y evitar impuestos a corto plazo sobre las ganancias de capital.

Después de un par de comienzos en falso, los ETF comenzaron en serio en 1993 con un producto ampliamente conocido por su símbolo ticker, SPY, o "Arañas", convirtiéndose en el mayor volumen de ETF de la historia. Actualmente, se estima que se han invertido más de 1 billón de dólares en ETF y se negocian casi 1,000 productos ETF en las bolsas de valores de EE. UU.

Tipos de ETF

- *Mercado ETF*: Diseñado para rastrear un índice específico, como el S&P 500 o NASDAQ.
- *Bono ETF*: Diseñado para brindar exposición en prácticamente todos los tipos de bonos disponibles: tesorería, corporativos, municipales, internacionales, de alto rendimiento y algunos otros.
- *ETF sectoriales e industriales*: Diseñado para tener un impacto en una industria específica como la petrolera, farmacéutica o de alta tecnología.
- *ETF de materias primas*: Diseñado para rastrear el precio de materias primas como el oro, el petróleo o el maíz.
- *ETF de estilo*: Diseñado para rastrear estilos de inversión o enfocarse en la capitalización de mercado, como aumentar el valor de una capitalización grande o pequeña.
- *ETF del mercado extranjero*: Nacido para trabajar en mercados no estadounidenses como Japón o Hong Kong.

- *ETF inverso*: Diseñado para beneficiarse de una caída en el mercado o índice subyacente.
- *ETF gestionados activamente*: Diseñado para intentar superar a un índice
- *Cambiar notas negociadas*: Básicamente, títulos de deuda respaldados por la solvencia del banco emisor; diseñados para brindar acceso a mercados ilíquidos y con valor agregado, están prácticamente exentos de impuestos sobre las ganancias de capital a corto plazo.
- *ETF de inversión alternativa:* Estructuras innovadoras, como ETF, que permiten a los inversores negociar con volatilidad u obtener el impacto de una estrategia de inversión en particular, como una renovación de divisas o una carta de llamada cerrada.

¿Cómo funcionan los ETF?

Los ETF se compran y venden como acciones de la empresa durante el día en que están abiertas las bolsas de valores. Al igual que las acciones, los ETF tienen un símbolo de cotización y los datos de precios intradía se pueden obtener fácilmente durante el día de negociación.

A diferencia de las acciones de la empresa, el número de acciones en circulación en un ETF puede cambiar a diario debido a la creación constante de nuevas acciones y al reembolso de las acciones existentes. La capacidad de un ETF para emitir y recomprar acciones de forma continua respalda el precio de mercado del ETF de acuerdo con sus valores subyacentes.

Aunque están diseñados para inversores individuales, los inversores institucionales desempeñan un papel importante en el mantenimiento de la liquidez y el control de la integridad de los ETF mediante la compra y venta de unidades de creación, que son grandes bloques de acciones de ETF que pueden canjearse por cestas de valores subyacentes. Cuando el precio de un ETF se desvía del valor del activo subyacente, las instituciones utilizan el mecanismo de arbitraje proporcionado por las unidades de creación para que el precio del ETF vuelva a coincidir con el valor del activo subyacente.

Ventajas de ETF

Atractivo ETF para inversores individuales:

- *Compra y vende en cualquier momento del día*: Los fondos mutuos, por el contrario, se calculan después del cierre del mercado.
- *Tarifas más bajas*: No hay carga de ventas, pero se aplican tarifas de corretaje.
- *Más eficiencia fiscal*: Los inversores tienen un mejor control sobre cuándo pagan el impuesto sobre las ganancias de capital.
- *Operaciones comerciales*: Dado que operan como acciones, los inversores pueden colocar diferentes tipos de órdenes (órdenes de límite, órdenes de stop-loss, órdenes de compra de margen) que no son posibles con los fondos mutuos.

Desventajas de los ETF

A pesar de su superioridad en muchos aspectos, los ETF tienen desventajas, entre otras:

- *Costos comerciales*: Si inviertes con frecuencia cantidades pequeñas, puede haber alternativas con costos más bajos al invertir directamente con la compañía de fondos en un fondo "libre de estrés".
- *Iliquidez*: Algunos ETF negociados con precisión tienen márgenes de compra / venta amplios, lo que significa que comprará a precios de márgenes altos y venderá a precios de márgenes bajos.
- ***Error de seguimiento***: Si bien los ETF tienden a rastrear bastante bien su índice subyacente, los problemas técnicos pueden crear discrepancias.
- *Fechas de liquidación*: las ventas de ETF no se pagan dentro de los dos días posteriores a la transacción; esto significa que, como vendedor, los fondos de la venta de un ETF no se pueden reinvertir técnicamente en dos días.
- ***Error de seguimiento**: indica la desviación entre el precio de una posición o cartera y la tendencia del precio de un índice de referencia.*

Estrategias de inversión

Una vez que hayas definido tus objetivos de inversión, los ETF se pueden utilizar para acceder a prácticamente cualquier mercado del mundo o cualquier industria. Puedes invertir tus activos de la forma habitual utilizando índices bursátiles y ETF, y ajustar la asignación de acuerdo con los cambios en tu tolerancia a los riesgos y objetivos. También se pueden incluir instrumentos alternativos como oro, materias primas o mercados bursátiles emergentes. Puede entrar y salir de los mercados rápidamente con la esperanza de detectar fluctuaciones a corto plazo, como un fondo de cobertura. El punto es que los ETF le brindan la flexibilidad que necesita para ser cualquier inversionista.

Lo que te espera en el futuro

La innovación ha sido un sello distintivo de la industria ETF desde que se fundó hace menos de 25 años. No hay duda de que se introducirán ETF nuevos e inusuales en los próximos años. Si bien la innovación es un resultado neto positivo para los inversores, es importante comprender que no todos los ETF se crean de la misma manera. Debe considerar cuidadosamente antes de invertir en cualquier ETF, teniendo en cuenta todos los factores para asegurarse de que el ETF que elija sea el mejor medio para lograr sus objetivos de inversión.

Criptomoneda

La criptomoneda es una moneda digital o virtual que está protegida por criptografía, lo que hace que sea prácticamente imposible falsificar o duplicar el costo. Muchas criptomonedas son redes descentralizadas basadas en tecnología de cadena de bloques, un libro mayor distribuido impuesto por una red informática dispar. Una característica distintiva de las criptomonedas es que generalmente no son emitidas por ninguna autoridad central, lo que las hace teóricamente inmunes a la interferencia o manipulación del gobierno.

Una moneda criptográfica es una nueva forma de activo digital basada en una red que se distribuye entre una gran cantidad de computadoras. El hecho de que tenga una estructura descentralizada te permite estar fuera del control de las autoridades centrales y los gobiernos.

La palabra "criptomoneda" proviene de los métodos de cifrado que se utilizan para proteger una red.

Las cadenas de bloques, que son métodos organizativos para garantizar la integridad de los datos transaccionales, son un componente esencial de muchas criptomonedas.

Algunos expertos creen que las cadenas de bloques y sus tecnologías relacionadas podrían alterar muchas industrias, incluidas las financieras y legales.

Las criptomonedas han sido criticadas por varias razones, incluido su uso para actividades ilícitas, la volatilidad del tipo de cambio y la vulnerabilidad de la infraestructura subyacente. Sin embargo, también han sido elogiados por su portabilidad, separabilidad, resistencia a la inflación y transparencia.

Entendiendo las criptomonedas

Los corresponsales criptográficos son sistemas que permiten pagos en línea seguros, expresados como "tokens" virtuales, que están representados por entradas en el libro mayor ubicado dentro del sistema. La criptografía generalmente se refiere a los diversos algoritmos de cifrado y métodos criptográficos que protegen estos datos, como el cifrado de curva elíptica, los pares de claves públicas y privadas y las funciones hash.

Tipos de criptomonedas

La primera correspondencia de moneda criptográfica basada en cadenas de bloques fue Bitcoin, que sigue siendo la más popular y valiosa. Hoy en día existen miles de cursos alternativos de criptomonedas con diferentes funciones y características.

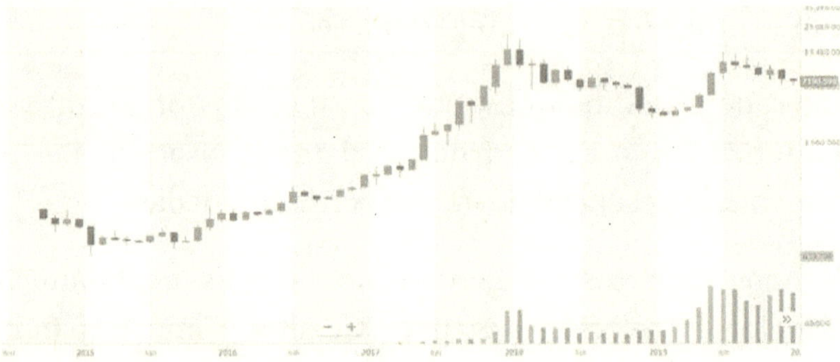

Figura n. 11 - Índice de Bitcoin - mensual - escala logarítmica

Algunos son clones de Bitcoin, otros están diseñados desde cero.

Bitcoin fue lanzado en 2009 por un individuo o grupo conocido por el apodo de Satoshi Nakamoto. A noviembre de 2019, había más de 18 millones de Bitcoins, por un valor de aproximadamente $ 146 mil millones.

Tras el éxito de Bitcoin, nacieron varias otras criptomonedas conocidas como "altcoin", entre ellas podemos destacar Litecoin, Peercoin y Namecoin, así como Ethereum, Cardano y EOS. Hoy en día, el valor total de todas las criptomonedas existentes es de aproximadamente $ 214 mil millones; Bitcoin actualmente representa más del 68% del valor total.

Algunas criptografías que se utilizan hoy en día en la correspondencia de criptomonedas se desarrollaron originalmente para aplicaciones militares. En un momento, el gobierno quiso controlar la criptografía de la misma manera que las restricciones legales sobre armas, pero el derecho de los civiles a usar la criptografía se basó en la libertad de expresión.

Consideraciones Especiales

Para el atractivo y la funcionalidad de Bitcoin y otras monedas criptográficas es fundamental la tecnología de cadena de bloques, que se utiliza para mantener un libro mayor en línea de todas las transacciones realizadas. Proporcionando así una estructura de datos suficientemente segura para este libro mayor, que es compartido y acordado por toda la red de nodos individuales, o la computadora en la que se almacena una copia del libro mayor. Cada nuevo bloque creado debe ser verificado por cada nodo antes de la confirmación, lo que hace prácticamente imposible falsificar el historial de transacciones.

Muchos expertos creen que la tecnología de cadena de bloques tiene usos potenciales importantes, como la votación en línea y el crowdfunding, por ejemplo. Las grandes instituciones financieras, como JPMorgan Chase (JPM), ven el potencial para reducir los costos de transacción al optimizar el procesamiento de pagos. Sin embargo, dado que la criptomoneda es virtual y no se almacena en una base de datos central, el saldo digital de la criptomoneda se puede borrar perdiendo o destruyendo el disco duro si no existe una copia de seguridad de la clave privada. Por otro lado, no existe ningún gobierno, autoridad central o empresa que pueda acceder a sus fondos o información personal.

Ventajas y desventajas de la moneda criptográfica

Ventajas

Las criptomonedas facilitan la transferencia de capital entre dos partes, sin tener que pasar necesariamente por bancos o compañías de tarjetas de crédito. En cambio, estas transferencias están aseguradas mediante el uso de claves públicas y privadas, así como diversas formas de incentivos como Prueba de trabajo o Prueba de interés.

Actualmente, las criptomonedas consisten en una clave pública, mientras que la clave privada es conocida solo por el propietario y se utiliza para firmar transacciones. Las transferencias de fondos se realizan con una tarifa de procesamiento mínima, lo que permite a los usuarios evitar las fuertes tarifas que cobran los bancos y las instituciones financieras por las transferencias bancarias.

Desventajas

La naturaleza semi-anónima de las transacciones en criptomonedas las hace adecuadas para muchas actividades ilegales, como el lavado de dinero y la evasión de impuestos. Sin embargo, los defensores de las criptomonedas a menudo valoran su anonimato citando los beneficios de la privacidad, como la protección de informantes o activistas que viven bajo gobiernos represivos.

Por ejemplo, Bitcoin es una opción relativamente mala para hacer negocios ilegales en línea, ya que el análisis forense de la cadena de bloques ayuda a las autoridades a arrestar y llevar a los criminales ante la justicia. Sin embargo, hay más monedas dirigidas al sector privado, como Dash, Monero o ZCash, que son mucho más difíciles de rastrear.

Críticas a la criptomoneda

Dado que los precios de mercado de las criptomonedas se basan en la oferta y la demanda, la tasa a la que se puede cambiar una de ellas por otra puede fluctuar considerablemente, ya que la estructura de muchas de ellas proporciona un alto grado de escasez.

Bitcoin ha sobrevivido a algunas subidas y caídas rápidas de precios, subiendo a $ 19,000 por bitcoin en diciembre de 2017 y luego cayendo a aproximadamente $ 7,000 en los meses siguientes. Por lo tanto, algunos economistas consideran la criptomoneda como una fantasía a corto plazo o una burbuja especulativa.

Existe la preocupación de que las criptomonedas como Bitcoin no tengan sus raíces en ningún producto material. Sin embargo, algunos estudios han encontrado que el costo de producción de Bitcoin, que requiere cada vez más energía, está directamente relacionado con su precio de mercado.

Las cadenas de bloques de criptomonedas son muy seguras, pero otros aspectos del ecosistema de criptomonedas, incluidos los intercambios y las billeteras, no son inmunes a la amenaza de piratería. En la historia de Bitcoin, sucedió varias veces que algunas operaciones fueron pirateadas y robadas, a veces se robaron millones de dólares.

Sin embargo, muchos observadores ven beneficios potenciales en la criptomoneda, como la capacidad de preservar el valor de la inflación y facilitar el intercambio, mientras que al mismo tiempo es más fácil de transportar y compartir que los metales preciosos y está fuera de la influencia de los bancos centrales y los gobiernos.

Opciones

Cuando hablamos de opciones, nos referimos a un instrumento financiero que puede dar la posibilidad (sin obligación) a la persona que lo compra (que se denomina tenedor de la opción) de comprar o vender un activo o un instrumento subyacente a una determinada tasa de interés antes o en una fecha determinada, dependiendo de cómo esté estructurada la opción.

En las opciones, el precio de ejercicio se establece sobre la base del precio al contado (precio de mercado) del valor o del producto básico subyacente el día en que se ejerce la opción, o puede establecerse con un descuento o una prima. Entonces, el vendedor está obligado a ejecutar la transacción, vender o comprar, si el comprador (propietario) "ejerce" la opción. Una opción que transfiere el derecho a comprar a un precio determinado se llama call, una opción que transfiere el derecho a vender a un precio determinado se llama put. Ambas opciones se utilizan con frecuencia, pero la opción de compra es la más discutida.

Precio de ejercicio: indica el precio al que se puede comprar o vender un contrato derivado en el momento de su ejercicio.

Precio de contado: es el precio de mercado actual al que se puede comprar o vender un valor.

El vendedor puede otorgar al comprador una opción en otra transacción, como una emisión de acciones, o como parte de un programa de incentivos para empleados; de lo contrario, el comprador pagará al vendedor una prima por la opción. Una opción de compra se ejerce cuando el precio de ejercicio de la opción es más bajo que el valor de mercado del activo subyacente, mientras que una opción de venta normalmente solo se ejerce cuando el precio de ejercicio de la opción es superior al valor de mercado.

Cuando se ejerce una opción, el valor para el comprador del activo adquirido es el precio de ejercicio de la opción más la prima, si la hubiera. Cuando la opción expira sin que se ejecute, el comprador pierde el derecho a la prima del vendedor. En cualquier caso, la prima es la renta del vendedor y, por regla general, una pérdida del capital del comprador.

El propietario de una opción puede vender la opción a un tercero en el mercado secundario, ya sea como parte de una transacción extrabursátil o en el intercambio de opciones, según la opción. El precio de mercado de una opción estadounidense suele estar cerca del precio de mercado del activo subyacente, que es la diferencia entre el precio de mercado de la acción y el precio de ejercicio. El valor de mercado real de una opción puede variar dependiendo de una serie de factores, por ejemplo, un tenedor de opción importante puede verse obligado a vender la opción a medida que se acerca la fecha de vencimiento y puede suceder que no tenga recursos financieros para ejercer la opción, o el comprador en el mercado está tratando de acumular una gran cantidad de opciones.

La opción casi siempre no da derecho al tenedor a ningún

derecho sobre el activo subyacente, como los derechos de voto o cualquier ingreso sobre el activo subyacente, como dividendos.

Historia

Uso histórico de opciones

Desde la antigüedad, se han utilizado tipos de contratos que se asemejan a opciones modernas. El primer comprador conocido de opciones fue el antiguo matemático y filósofo griego Tales de Mileto. En una ocasión se predijo que la cosecha de aceitunas en la próxima temporada sería más abundante de lo habitual, y fuera de temporada consiguió el derecho a utilizar varias prensas de aceitunas la próxima primavera. Cuando llegó la primavera y la cosecha de aceitunas fue mayor de lo esperado, utilizó su opción y luego alquiló las prensas a un precio mucho más alto que el que había pagado por su "opción".

En Londres, las opciones de venta y rechazo (llamadas) se convirtieron por primera vez en instrumentos comerciales famosos en la década de 1690 bajo el reinado de William y Mary. Las preferencias eran opciones que se vendían sin receta en los Estados Unidos del siglo XIX, y tanto las opciones de compra como las de venta eran ofrecidas por distribuidores especializados. El precio de ejercicio se fijó al precio de mercado redondeado el día o la semana en que se compró la opción y, por lo general, expiraba tres meses después de la compra. No se negociaron en mercados secundarios.

Las opciones de compra se han utilizado ampliamente en el mercado inmobiliario para reunir grandes terrenos de propietarios individuales; por ejemplo, el promotor paga el derecho a comprar varias parcelas adyacentes, pero no está obligado a comprar estas parcelas y no puede comprar si no puede comprar la parcela completa.

En la industria cinematográfica, los productores de cine y teatro a menudo compran el derecho, pero no la obligación, de dramatizar un libro o guion en particular.

Las líneas de crédito otorgan a un prestatario potencial el derecho, pero no la obligación, de obtener un préstamo dentro de un período de tiempo determinado.

Muchas opciones u opciones integradas se incluyen tradicionalmente en los contratos de bonos. Por ejemplo, muchos bonos se convierten en acciones ordinarias a elección del comprador, o se pueden reclamar (rescatar) a ciertos precios a elección del emisor. Los prestatarios hipotecarios han podido reembolsar sus préstamos antes de tiempo, lo que corresponde a la opción de comprar los bonos.

<u>Opciones de acciones modernas</u>

Los contratos de opción se conocen desde hace décadas. En 1973, se estableció la Bolsa de Opciones de Acciones de Chicago, que inició un régimen utilizando formas y condiciones estandarizadas y negociando a través de una cámara de compensación garantizada. Desde entonces, la actividad comercial y el interés académico han aumentado.

Hoy en día, muchas opciones se producen en formato estándar y se colocan en el mercado a través de cámaras de compensación en bolsas de opciones reguladas, otras opciones extrabursátiles se crean como contratos bilaterales individuales entre un comprador y un vendedor, uno o ambos pueden ser un distribuidor o un creador de mercado. Las opciones se incluyen generalmente entre los instrumentos denominados derivados.

> ***Casas de compensación**: son instituciones que se interponen entre compradores y vendedores tratando de asegurar que el proceso de intercambio sea fluido y que, sobre todo, tanto el comprador como el vendedor cumplan con sus obligaciones contractuales.*

Especificaciones del contrato

La hoja de términos establece los términos de la opción entre las dos contrapartes.

Los contratos de opciones pueden ser bastante complejos, pero al menos contienen las siguientes especificaciones:

- si el titular de la opción tiene derecho a comprar (opción de compra) o vender (opción de venta)
- número y clase de activo (s) subyacente (por ejemplo, 100 acciones XYZ Co. B)
- el precio de ejercicio, también conocido como precio de venta, que es el precio al que se concluye la transacción después de su ejecución.
- la fecha de vencimiento, es la última fecha posible para ejercer la opción
- condiciones de liquidación, si el vendedor tiene que entregar el activo real o simplemente puede ofrecer una cantidad equivalente de dinero, por ejemplo

- las condiciones bajo las cuales se cotiza una opción en el mercado para convertir la cotización en una prima real - el monto total pagado por el tenedor al suscriptor de la opción

Comercio de opciones

Formas de comercio

Opciones negociadas en bolsa

Las opciones de bolsa son una clase de derivados que se negocian en una bolsa. (también se denominan opciones enumeradas). Las opciones de canje tienen contratos estandarizados liquidados a través de un centro de compensación con ejecución garantizada por la Corporación de Compensación de Opciones. Dado que los contratos están estandarizados, a menudo se dispone de modelos de precios precisos. Las opciones de intercambio incluyen:

- Opciones de almacenaje
- Opciones sobre bonos y otras opciones que devengan intereses
- Opciones en el mercado de índices bursátiles o, más simplemente, opciones sobre índices
- Opciones para contratos de futuros
- Contrato toro / oso rescatable anticipadamente

Opciones de venta libre

Las opciones de venta libre (opciones OTC, también llamadas

"opciones de distribuidor") se negocian entre dos personas y no cotizan en el mercado. Los términos de las opciones de venta libre son ilimitados y se pueden adaptar individualmente para satisfacer cualquier necesidad comercial. Por regla general, el vendedor de opciones es una institución bien capitalizada (para prevenir el riesgo crediticio). Los tipos de opciones que normalmente se negocian en una bolsa incluyen:

- Opciones de interés
- Opciones de divisas sobre tipos de cambio cruzados
- Opciones de permuta

Los usuarios de opciones de venta libre pueden adaptar estrictamente los términos del contrato de opción a las necesidades comerciales individuales, evitando intercambios. Además, las transacciones de opciones OTC generalmente no necesitan ser publicitadas en el mercado y enfrentan pocos o ningún requisito regulatorio. Sin embargo, las contrapartes OTC deben establecer líneas de crédito entre sí y seguir los procedimientos de compensación y liquidación de cada una.

Con pocas excepciones, no existen mercados secundarios para las opciones de los empleados. Las opciones deben ser ejercidas por el beneficiario original o deben dejar que expiren.

Comercio de intercambio

La forma más común de negociar opciones es a través de contratos de opciones estándar, que se cotizan en varias bolsas de futuros y opciones. Los listados y precios se rastrean y se pueden ver mediante el símbolo de cotización. Al publicar mercados de precios de opciones en vivo y continuos, el intercambio permite que las partes independientes participen en la divulgación de precios y realicen transacciones. Como intermediario para ambas partes de una transacción, el intercambio brinda ventajas, entre otras:

- La ejecución del contrato está respaldada por el crédito del intercambio, que suele ser la calificación más alta (AAA)
- Los agentes de contador permanecen anónimos
- Asegurar que el mercado esté regulado para garantizar la equidad y la transparencia.
- Mantener el orden en los mercados, especialmente en condiciones de comercio rápido.

<u>Operaciones básicas (estilo americano)</u>

Por lo general, ciertos contratos se crean desde el punto de vista de un especulador. También se pueden utilizar como cobertura combinándolos con otras opciones. Normalmente, en los mercados estadounidenses, un contrato de opción representa 100 acciones del valor subyacente.

Llamada larga

Comprar una llamada.

Un operador que espera que suba el precio de la acción puede comprar la opción de comprar la acción a un precio fijo ("precio de ejercicio") más tarde, en lugar de comprar la acción inmediatamente. El costo en efectivo de la opción es una prima. Un comerciante no está obligado a comprar las acciones, pero puede hacerlo solo en la fecha de vencimiento o antes. El riesgo de pérdida se limita a la prima pagada, a diferencia de la posible pérdida si las acciones se recomprasen en su totalidad.

El tenedor de una opción de compra al estilo estadounidense puede vender la opción que tiene en su poder en cualquier momento antes del vencimiento y considerará hacerlo si el precio al contado de la acción excede el precio de ejercicio, especialmente si el tenedor espera que el precio de la opción caiga. Al vender la opción en una etapa temprana, el comerciante puede obtener una ganancia inmediata. El comerciante obtendrá ganancias si el precio al contado de las acciones aumenta por encima de la prima. Por ejemplo, si el precio de ejercicio de una opción es 100 y la prima pagada es 10, entonces si el precio al contado de 100 aumenta solo a 110, la transacción es de equilibrio; un aumento en el precio de la acción por encima de 110 genera ganancias.

Si el precio de la acción al vencimiento es menor que el precio de ejercicio, entonces el titular permitirá el vencimiento del contrato de compra en ese momento y solo perderá la prima (o el precio de transferencia).

Poner largo

Compra de put

Un comerciante que espera que el precio de las acciones caiga puede comprar una opción sobre acciones a un precio fijo ("precio de ejercicio") más adelante. El comerciante no está obligado a vender las acciones, pero solo puede hacerlo en la fecha de vencimiento de la opción o antes. El comerciante obtendrá una ganancia incluso si el precio de la acción al vencimiento es menor que el precio de ejercicio en una cantidad mayor que la prima pagada. Si el precio de la acción al vencimiento es más alto que el precio de ejercicio, permitirá que la opción de venta expire y perderá solo la prima pagada. La prima también juega un papel importante en una transacción, ya que aumenta el punto de equilibrio. Por ejemplo, si el precio de ejercicio es 100 y la prima pagada es 10, el precio al contado entre 100 y 90 no es rentable. Obtendrá beneficios si el precio al contado es inferior a 90.

Es importante tener en cuenta que la persona que ejecuta la opción de venta no necesariamente tiene que ser propietaria del activo subyacente. En particular, no es necesario poseer el activo subyacente para venderlo. La razón de esto es que es posible vender esta acción subyacente rápidamente.

Llamada corta

Contribución de la grabación de la llamada.

Un operador que espera a que baje el precio de la acción puede vender una posición corta o vender o "escribir" una opción de compra. El comerciante que vende el anuncio está obligado a vender las acciones al comprador del anuncio a un precio fijo ("precio de ejercicio"). Si el vendedor no es propietario de las acciones cuando se ejerce la opción, debe comprar las acciones en el mercado al precio de mercado. Si el precio de la acción baja, el vendedor de la opción ("vendedor") recibirá una prima de ingresos. Si el precio de la acción supera el precio de ejercicio en más de la prima, el vendedor perderá dinero y la pérdida potencial es ilimitada.

Poner corto

Un soborno de la venta.

Un comerciante que espera que suba el precio de la acción puede comprar acciones o vender o "escribir" una opción de venta. Un comerciante que vende opciones de venta debe comprar acciones del comprador de una opción de venta a un precio fijo ("precio de ejercicio"). Si el precio de vencimiento de la acción es mayor que el precio de ejercicio, el emisor de la opción put ganará una prima. El comerciante puede perder si el precio de vencimiento de la acción es menor que el precio de ejercicio en una cantidad superior a la prima. El índice CBOE S&P 500 PutWrite (ticker PUT) es un índice indicativo de una posición de opción de venta corta asegurada con dinero.

Estrategias de opciones

La combinación de cualquiera de los cuatro tipos principales de operaciones con opciones (posiblemente con diferentes precios de ejercicio y fechas de vencimiento) y los dos tipos principales de operaciones con acciones (largas y cortas) permite el uso de diferentes estrategias de opciones. Por lo general, las estrategias simples combinan solo unas pocas operaciones, mientras que las estrategias más complejas pueden combinar varias operaciones.

Las estrategias se utilizan a menudo para crear un perfil de riesgo específico para la seguridad subyacente. Un diferencial de compra de mariposa, por ejemplo (a lo largo de una llamada Y1, dos llamadas cortas Y2 y una larga llamada Y3) permite a un comerciante obtener ganancias si el precio de las acciones en la fecha de vencimiento está cerca del precio de ejercicio promedio, Y2, y no expone el comerciante a una gran pérdida.

El cóndor de hierro es una estrategia similar a un diferencial de mariposa, pero con diferentes strikes para opciones cortas, que ofrece una mayor probabilidad de obtener ganancias, pero con un crédito neto menor que el diferencial de mariposa.

Vendiendo un straddle (vender tanto put como call al mismo precio de ejercicio) le dará al comerciante más beneficios que una mariposa si el precio final de la acción está cerca del precio de ejercicio, pero puede provocar una gran pérdida.

De manera similar, estrangular está diseñado con una llamada y una venta, pero sus golpes son diferentes, lo que reduce el débito neto en la transacción, pero también reduce el riesgo de pérdidas en la transacción.

Entre las estrategias más conocidas se encuentra la opción de compra cubierta, en la que el operador puede comprar acciones (o mantiene una posición larga previamente comprada) y vende la opción de compra. Si el precio de la acción sube por encima del precio de ejecución, la operación se ejecutará y el operador recibirá una ganancia fija. Si el precio de la acción baja, la opción call no se ejecutará y las pérdidas sufridas por el operador serán compensadas parcialmente por la prima recibida de la venta call. En general, el pago coincide con el pago de la venta del put. Esta relación se conoce como paridad put-call y da una idea de la teoría financiera. El CBOE S&P 500 BuyWrite Index (símbolo de cotización BXM) es un índice aproximado del desempeño de la estrategia de compra.

Otra estrategia muy común es la opción de venta protectora, en la que un operador compra acciones (o mantiene una posición larga previamente comprada) y luego compra una opción de venta. Esta estrategia le permite actuar como una póliza de seguro cuando invierte en una acción subyacente, cubriendo el potencial de pérdida del inversor, pero también permitiéndole reducir las ganancias que de otro modo serían altas si simplemente compra una acción sin una opción de venta. El beneficio máximo de protección es teóricamente ilimitado, ya que la estrategia proporciona una posición larga en la acción subyacente. Mientras que la pérdida máxima se limita al precio de compra del subyacente menos el precio de ejercicio de la opción de venta y la prima pagada. La puesta protectora también se conoce como puesta familiar.

Tipos

Las opciones se pueden clasificar de varias formas.

Según los derechos de opción

- Las opciones de compra dan al titular el derecho, pero no la obligación, de comprar algo a un precio determinado en un período de tiempo determinado.
- Las opciones de venta dan al tenedor el derecho, pero no la obligación, de vender algo a un precio determinado durante un período de tiempo determinado.

Según los activos subyacentes

- - Opción sobre acciones
- - Opción de fianza
- - Versión futura
- - Opción de índice
- - Versión básica

- - Opción de moneda

Otras opciones

Otra clase importante de opciones, especialmente en los EE. UU., son las opciones sobre acciones para empleados, que la empresa otorga a sus empleados como compensación de incentivos. También hay muchos otros tipos de opciones en el mercado, las opciones de bienes raíces se utilizan a menudo para ensamblar grandes lotes de tierra y las opciones de pago anticipado generalmente se incluyen en las hipotecas. Sin embargo, muchos principios de evaluación y gestión de riesgos se aplican a todas las opciones financieras. Hay otros dos tipos de opciones: opciones cubiertas y opciones desnudas.

Estilos de opciones

Las opciones se subdividen en varios estilos, los más comunes son:

- Opción americana: una opción que se puede ejercer en cualquier día de negociación antes o después de su vencimiento.

- Opción europea: esta opción solo se ejerce en su fecha de vencimiento.

A menudo se les llama opciones de vainilla.

Otros estilos incluyen:

- Opción Bermuda: una opción que solo se puede ejercer en la fecha de vencimiento o antes.

- Opción asiática: una opción que se paga en función del

precio promedio del activo subyacente durante un período de tiempo específico.

- Opción de barrera: cualquier opción con la característica común de que el precio del subyacente debe pasar un cierto nivel o "barrera" antes de que pueda ejercerse.

- Opción binaria: una opción de todo o nada que podría pagar el monto total si el valor subyacente cumple una determinada condición al vencimiento; de lo contrario, la opción vence.

- Opción exótica: cualquiera de las amplias categorías de opciones, que pueden incluir estructuras financieras complejas.

Derivados

Un instrumento financiero derivado es un contrato financiero, cuyo valor se determina sobre la base del activo subyacente. El comprador acepta comprar el activo en un día determinado a un precio determinado.

Los derivados se utilizan generalmente para materias primas como oro, petróleo o gasolina. Las monedas, a menudo dólares estadounidenses, son otra clase de activos ampliamente utilizada.

Existen instrumentos financieros derivados basados en acciones o bonos. Otros utilizan tasas de interés como el rendimiento de una letra del tesoro a 10 años.

El vendedor del contrato no está obligado a poseer el activo subyacente. Puede ejecutar el contrato dándole al comprador suficiente dinero para comprar el activo al precio vigente. También puede otorgar al comprador otro contrato derivado que compense el valor del primero. Esto hace que la negociación de derivados sea mucho más fácil que el propio activo.

Derivados comerciales

En 2017, se vendieron 25 mil millones de contratos de derivados. La actividad de negociación de opciones y futuros de tasas de interés aumentó en América del Norte y Europa debido a tasas de interés más altas. El comercio en Asia se redujo debido a la caída de los futuros de materias primas en China. Estos contratos valían alrededor de $ 570 billones.

La mayoría de las 500 empresas más grandes del mundo utilizan derivados para reducir el riesgo. Por ejemplo, un contrato de futuros promete entregar en bruto a un precio acordado. Por lo tanto, la empresa está protegida si los precios suben. Las empresas también celebran contratos para protegerse de los cambios en los tipos de cambio y las tasas de interés.

Los derivados hacen que los flujos de efectivo futuros sean más predecibles. Permiten a las empresas predecir sus beneficios con mayor precisión. Esta previsibilidad aumenta el precio de las acciones. En este caso, las empresas necesitan menos efectivo para cubrir emergencias y así poder invertir más en su negocio.

La mayoría de las transacciones de derivados las realizan

fondos de cobertura y otros inversores para obtener más apalancamiento. Los derivados solo requieren un pequeño pago inicial, llamado "pago de margen". Muchos contratos de derivados se compensan o liquidan mediante otro derivado antes de que expiren. Estos comerciantes no se preocupan por tener suficiente dinero para pagar el derivado si el mercado va en su contra. Si ganan, cobran el dinero.

OTC

Los derivados que se negocian entre dos empresas o comerciantes que se conocen personalmente se denominan opciones "extrabursátiles". Por lo general, sin embargo, también se pueden negociar a través de un banco grande.

Negociación de derivados

Un pequeño porcentaje de los derivados mundiales se negocia en bolsas de valores. Estos intercambios públicos establecen condiciones contractuales estandarizadas. Especifican bonificaciones o descuentos del precio del contrato. Esta estandarización aumenta la liquidez de los derivados. Los hace más o menos intercambiables, lo que los hace más útiles para la cobertura.

Las bolsas también pueden actuar como una cámara de compensación, actuando como el comprador o vendedor real de un derivado. Esto los hace más seguros para los comerciantes porque saben que el contrato se ejecutará. La Ley de Reforma Dodd-Frank Wall Street se firmó en 2010 en respuesta a la crisis financiera y para prevenir riesgos excesivos.

El intercambio más grande es CME Group. Es una fusión de la

Junta de Comercio de Chicago y la Bolsa Mercantil de Chicago, también llamada CME o Merc. Negocia derivados en todas las clases de activos.

Las opciones sobre acciones se negocian en el NASDAQ o en el Chicago Mercantile Exchange. Los contratos de futuros se negocian en la Intercontinental Exchange, que adquirió la New York Board of Trade en 2007. Se especializa en contratos financieros, especialmente contratos de divisas y agrícolas, principalmente café y algodón. Estos intercambios están regulados por la Comisión de Comercio de Futuros de Materias Primas o la Comisión de Bolsa y Valores. Las organizaciones comerciales, las organizaciones de compensación y las organizaciones autorreguladoras de la SEC tienen una lista de intercambios.

Tipos de derivados financieros

Los derivados más notorios son las obligaciones de deuda garantizadas. Los CDO fueron una de las principales razones de la crisis financiera de 2008. Estas obligaciones de deuda, como préstamos para automóviles, préstamos para tarjetas de crédito o préstamos hipotecarios, se combinan en una sola garantía. Su valor se basa en los reembolsos de préstamos prometidos y hay dos tipos principales. El papel comercial respaldado por activos se caracteriza por tener deuda corporativa y comercial como subyacente. Los valores respaldados por hipotecas se basan en hipotecas. Cuando el mercado de la vivienda colapsó en 2006, se puede decir lo mismo sobre el valor de MBS y luego ABCP (papel comercial respaldado por activos).

Swap

El tipo de derivado más común es el swap. Es un acuerdo para canjear un activo o deuda por uno similar. El objetivo es reducir el riesgo para ambas partes. Muchos de estos son swaps que se realizan sobre divisas o tipos de interés. Por ejemplo, un comerciante puede vender acciones en los EE. UU. y comprarlas en una moneda extranjera para protegerse contra el riesgo cambiario. Estas son transacciones de venta libre, por lo que no se negocian en una bolsa. Una empresa puede intercambiar un flujo de cupones de bonos de tasa fija por un flujo de pagos de los bonos de otra empresa con tasa variable.

Los más notorios de estos swaps fueron los credit default swaps. También ayudaron a provocar la crisis financiera de 2008. Fueron vendidos para asegurar contra el incumplimiento de bonos municipales, deuda corporativa o valores respaldados por hipotecas. Cuando el mercado de MBS colapsó, no había capital suficiente para pagar a los tenedores de CDS. El gobierno federal se vio obligado a nacionalizar el American International Group, pero después de la intervención de Dodd-Frank, estos instrumentos ahora están bajo el control de la CFTC.

Hacia adelante

Los contratos a plazo son otro derivado extrabursátil. Representan acuerdos para comprar o vender un activo a un precio acordado en una fecha específica en el futuro. Ambas partes pueden establecer contratos a plazo muchas veces. Los contratos a plazo se utilizan para cubrir riesgos relacionados con materias primas, tipos de interés, tipos de cambio o acciones.

Futuros

Otro poderoso tipo de derivado es un contrato de futuros. Los futuros de materias primas son el contrato de futuros más utilizado. Los más importantes son los futuros del petróleo. Fijaron el precio del petróleo y, eventualmente, la gasolina.

Opciones

Otro tipo de derivado simplemente le da al comprador la oportunidad de comprar o vender el activo a un precio y fecha determinados.

Las opciones son las más utilizadas. El derecho a comprar es una opción de compra, mientras que el derecho a vender una acción es una opción de venta.

Cuatro derivados de riesgo

Los derivados tienen cuatro riesgos principales.

El más peligroso es que es casi imposible conocer el valor real de cualquier instrumento derivado. Se basa en el valor de uno o más activos subyacentes. Su complejidad complica su precio. Esta es la razón por la que los valores con garantía hipotecaria son tan letales para la economía. Nadie, ni siquiera los programadores informáticos que los crearon, sabían cuál era su precio cuando bajaban los precios de la vivienda. Los bancos se mostraron reacios a intercambiarlos porque no podían apreciarlos.

Otro riesgo es algo que también los hace tan atractivos: el apalancamiento. Por ejemplo, los operadores de futuros solo necesitan poner del 2% al 10% del contrato en una cuenta de margen para conservar su propiedad. Si el valor del activo subyacente cae, deben agregar dinero a la cuenta de margen para mantener ese porcentaje hasta que el contrato expire o sea compensado. Si el precio del producto sigue cayendo, la cobertura de la cuenta de margen puede generar grandes pérdidas. El Centro de Capacitación de la Comisión de Comercio de Futuros de Productos Básicos de EE. UU. proporciona mucha información sobre derivados.

El tercer riesgo es su límite de tiempo. Una cosa es apostar a que los precios de la gasolina subirán, pero otra es intentar predecir exactamente cuándo sucederá. Nadie que compró MBS pensó que los precios de la vivienda bajarían. La última vez que lo hicieron fue durante la Gran Depresión. También confiaban en que el CDS los protegería, pero las palancas provocadas por esto significaron que cuando había pérdidas, aumentaban en toda la economía. Además, no estaban regulados y no cotizaban en bolsas de valores. Este es un riesgo exclusivo de los derivados extrabursátiles.

Por último, pero no menos importante, está el potencial de fraude. Recuerda que el esquema Ponzi ideado por Bernie Madoff se basó en derivados. El fraude es común en los derivados.

CAPÍTULO TRES
¡ALTO! LEE ESTO ANTES DE COMENZAR

Importante: con inversiones financieras no hay garantías.

Siéntate a ver televisión y no tardarás en empezar a ver publicidad. Tarde o temprano escucharás la mención de "garantías de por vida" y "precios bajos garantizados", en particular me encanta el eslogan característico del chef de televisión de Nueva Orleans Justin Wilson "I GAR-ON-TEE" que usa al final de cada oración.

¿Por qué a los anunciantes y sus cohortes les gusta tanto hablar sobre sus garantías? Bueno, como dice el autor y experto en marketing online Pat Flynn, el objetivo de una garantía es proporcionar a los clientes un nivel de comodidad y seguridad en relación con su inversión.

Algunos creen que son una forma de ganarse la confianza. Después de todo, nada en la vida es seguro y todos queremos garantías que nos ayuden a afrontar lo que la vida nos depare. Tener una garantía nos permite tomar decisiones de vida con mayor facilidad, ya sean significativas o más triviales. Sin embargo, al invertir, a menudo se nos dice que no existen garantías en los mercados financieros.

Esto, por supuesto, tiene que ver con el tipo de beneficio que obtendrás o no obtendrás con una inversión. "Las acciones, los bonos y otros valores pueden perder valor; no hay garantía", es un descargo de responsabilidad común de la industria. Todo asesor de inversiones, cuando hable de resultados, siempre debe recordar a sus clientes que "el rendimiento pasado no es garantía de éxito futuro".

Sin embargo, según mi experiencia, existen al menos tres garantías que se aplican a la inversión.

Ventaja y costo de la diversificación

La primera garantía se relaciona con la diversificación, y esta es una especial "dos por uno".

Todos los involucrados en la inversión hablan de los beneficios de la diversificación. La diversificación es un medio simple y generalmente aceptado de reducir el riesgo.

Según las matemáticas del ganador del Premio Nobel Harry Markowitz, sabemos que, si combinamos varias clases de activos no relacionados dentro de una cartera, como resultado, tendremos un riesgo promedio de cartera más bajo que el de los componentes individuales. Independientemente de si tu cartera consta de múltiples clases de activos o múltiples estrategias, esta reducción del riesgo medible es una obviedad.

Creo que la diversificación de estrategias gestionadas dinámicamente en una cartera tiene dos fuentes de diversificación, mientras que la diversificación por clases de activos tiene una sola fuente. La creación de una cartera de estrategias que no están relacionadas con los activos puede beneficiarse de la diversificación por clase de activos y complementarla con varias ventajas adicionales de diversificación de la metodología de la estrategia.

Independientemente de lo que diversifiques, hay una garantía de acompañamiento que rara vez se reconoce, pero que siempre tiene experiencia. Al diversificar, el inversor nunca podrá lograr el mayor rendimiento del activo o la estrategia más eficaz de la cartera. Si bien el riesgo de todos los activos siempre será menor que la media, la rentabilidad también se reducirá.

Cuando el S&P 500 es la mejor clase de activos en una cartera, el rendimiento promedio de una cartera diversificada no puede exceder el del S&P. Sin embargo, el riesgo de dicha cartera será menor que el de S&P. ¡Esto está garantizado para ser un compromiso!

El costo de compra y retención, inversión indexada.

La segunda garantía surge de la práctica común de compra y venta o inversión pasiva, dicha inversión es simple y conveniente.

Invertir en comprar y mantener puede ser bueno para los inversores cuando sus inversiones están ganando impulso. Los inversores que invierten en acciones son recompensados cuando las compran y las mantienen en el mercado alcista. En lugar de saltar de un lado a otro con cada cambio en el viento del gráfico de acciones o las repetidas advertencias de los medios de que el cielo está cayendo, los inversores pagan bien para mantenerlos a través de un gran repunte.

Sin embargo, no hay garantía de que el índice que tiene un inversor pasivo se estabilice en un repunte de activos similares. Después de las elecciones de 2016, tuvimos una gran cantidad de manifestaciones. Pero la mayor parte del repunte tuvo lugar en acciones con gran capitalización, o incluso más estrecha, en acciones de empresas técnicas. El valor, la pequeña capitalización y las acciones internacionales quedaron atrás.

Al mismo tiempo, cuando tenemos un mercado de valores bajista, es casi seguro que, si compras y mantienes un fondo de índice del mercado de valores, perderás dinero. De hecho, esta verdad incómoda revela uno de los inconvenientes de utilizar la herramienta de diversificación, antes considerada como una gestión eficaz del riesgo.

Si una cartera no se diversifica en clases de activos verdaderamente no relacionadas, las fallas del mercado pasadas muestran que la mayoría de las subcategorías de clases de activos se vuelven más interconectadas a medida que disminuyen. Esto pierde la ventaja no correlativa de la reducción del riesgo.

Así, además del hecho de que la diversificación siempre trae retornos promedio, como se mencionó anteriormente, tiende a traer menos beneficios cuando realmente se necesita. Se puede decir que solo proporciona un rendimiento promedio en un nivel alcista y luego absorbe la mayor parte del riesgo en un nivel bajista.

La cartera de estrategias gestionadas activamente tiene el potencial de superar tanto al índice pasivo como a la cartera de índices pasivos. Esto se debe a las capas añadidas de gestión activa y diversificación de la metodología. Cada uno de ellos va más allá, agregando componentes al portafolio que están menos relacionados con las raíces.

Sin embargo, para crear una cartera que no tenga una alta correlación tanto en un mercado en crecimiento como en un mercado bajista, la elección de la estrategia debe realizarse utilizando diferentes clases de activos y metodologías de gestión activa realmente diferentes. Es probable que la combinación de un conjunto de estrategias de tendencia para el mercado de valores reduzca ligeramente el riesgo, pero es probable que aparezca una reducción mucho mayor del riesgo en la cartera, que incluye métodos de tendencia, de rendimiento medio y estacionales.

Sin embargo, incluso una estrategia de diversificación no puede garantizar una cartera ganadora. Es posible que una estrategia no coincida con su desempeño anterior. Y una estrategia de tendencia, que brinda mayor protección en caso de una caída en el mercado, puede seguir el activo cuya tendencia tiende a seguir cuando el valor del activo está flotando en el mercado alcista.

El riesgo siempre está con nosotros.

Esto nos lleva a la tercera garantía en los mercados financieros: para los inversores, recordemos que el riesgo siempre está con nosotros.

Invertir en mercados monetarios, certificados de depósito o letras del tesoro conlleva el riesgo de perder el poder adquisitivo de tu dinero cuando incluso hay un indicio de inflación o la caída del dólar estadounidense.

Invertir en bonos puede ser especialmente peligroso cuando las tasas de interés están subiendo. Esto es especialmente cierto para los fondos mutuos de bonos y ETF. No tienen fecha de vencimiento para realizar un depósito con garantía de devolución de dinero.

Las inversiones alternativas generalmente funcionan bien bajo ciertas condiciones, como tiempos inflacionarios. Pero a menudo se sienten frustrados cuando no es el momento adecuado para su propuesta de valor particular.

Y finalmente, por supuesto, hay inversiones en bolsa. Son necesarios para mantenerse al día con la inflación. Y, sin embargo, ¿con qué frecuencia vemos el colapso del mercado debido a un evento imprevisto? Puede ser un cisne negro real o algo de lo que se sabía, pero simplemente se subestimaba. A pesar de eso, los riesgos de renta variable, que han llevado a una pérdida del 50% más en el S&P 500 y una reducción del 70% más en el Nasdaq, siempre están presentes.

Por eso es tan importante contar con un asesor financiero en quien se pueda confiar para que trabaje contigo en estos momentos. Creo que un asesor que utiliza estrategias disciplinadas, cuantificables y administradas dinámicamente que pasan por varios ciclos económicos y de mercado, es tu mejor compañero financiero.

Sí, hay garantías en el mercado financiero. Pero no son la reconfortante "garantía de devolución de dinero" que a menudo escuchamos en la televisión. Más bien, son razones garantizadas por las que debes buscar ayuda de profesionales experimentados en gestión de riesgos para trazar tu futuro financiero.

Modigliani - Hipótesis del ciclo de vida.

¿Qué determina cómo las personas acumulan y gastan sus ingresos durante sus vidas? Puede parecer solo una cuestión de preferencias personales, pero la respuesta puede tener grandes consecuencias para la economía en su conjunto. La hipótesis del ciclo de vida, que establece que las personas se esfuerzan por mantener el mismo nivel de consumo a lo largo de sus vidas, es una de las formas en que los economistas han respondido a esta pregunta, pero no fue la primera.

La primera teoría del ahorro surgió en 1936 de la Teoría general del empleo, el interés y el dinero de John Maynard Keynes.

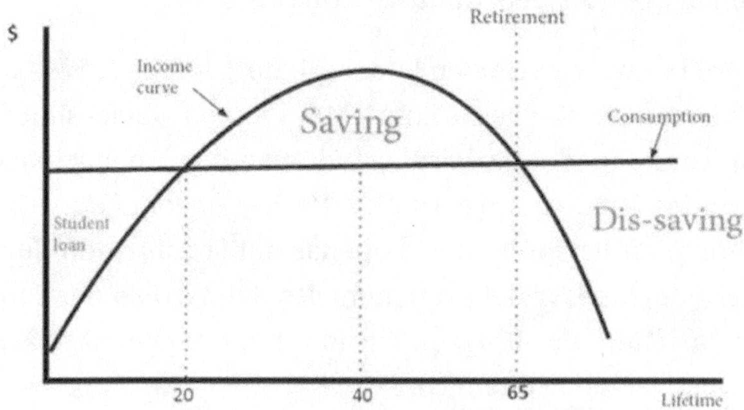

Figura n. 12 - Ciclo de vida de Modigliani

Keynes vio la conservación como otro tipo de producto que la gente podía "comprar". Al igual que con otros bienes, Keynes argumentó que el costo del ahorro aumentaría junto con los ingresos. Esto creó un problema potencial.

Cuando las personas gastan sus ingresos en ahorros, significa que no utilizan los ingresos para el consumo. Esta reducción de la demanda de bienes y servicios podría tener un impacto negativo en la producción económica.

Por supuesto, el impacto negativo de la reducción del consumo se compensa con el hecho de que los ahorros a menudo se dirigen a inversiones en producción. Pero, ¿qué pasa si no hay suficientes oportunidades de inversión para absorber el deseo de ahorrar de la gente? Keynes, junto con otros economistas como Alvin Hansen de Harvard, estaban preocupados de que esta pudiera ser una posibilidad muy real, ya que la renta nacional estaba creciendo en la era de la posguerra. Hansen acuñó el término "estancamiento secular" para describir la recesión económica que resultaría de un "ahorro excedente" con muy pocas oportunidades de inversión.

Pero la investigación en la década de 1940 desafió la teoría del ahorro de Keynes. En 1946, Simon Blacksmith de la Universidad de Harvard estudió el ingreso nacional en los Estados Unidos entre 1869 y 1938 y encontró que la tasa de ahorro en Estados Unidos apenas había cambiado durante ese período, a pesar del gran aumento del ingreso per cápita. Y en un artículo de 1947 publicado por la Oficina Nacional de Investigación Económica.

Rose Friedman y Dorothy Brady encontraron que la tasa de ahorro para los hogares con diferentes niveles de ingresos a menudo dependía del cambio en sus ingresos en relación con el ingreso promedio más que en el ingreso absoluto.

En la década de 1950, Franco Modigliani del Instituto Tecnológico de Massachusetts (MIT) y su alumno Richard Brumberg explicaron estos resultados, desarrollando una nueva teoría del ahorro. La hipótesis del ciclo de vida argumentó que las personas se esfuerzan por mantener aproximadamente el mismo nivel de consumo a lo largo de sus vidas al contraer deudas o liquidar activos a una edad temprana y tardía (cuando sus ingresos son bajos) y mantener ahorros durante el período de sus ingresos primarios cuando sus ganancias son altas. Esta hipótesis predice que la acumulación de riqueza se producirá según el patrón "jorobado", es decir, baja en el inicio de la vida adulta, tanto en la vejez como en la cumbre.

A medida que aumentan los ingresos en el país, cada nueva generación tiene mayores expectativas de consumo que la anterior.

Para mantener niveles más altos de consumo a medida que envejecen, los trabajadores de mediana edad en una economía en crecimiento ahorrarán más que los grupos anteriores de trabajadores de mediana edad, y la eliminación de estos grupos (que actualmente están jubilados) será menor que los ahorros de los trabajadores actuales.

A lo largo de los años, los estudios empíricos han cuestionado algunas de las conclusiones de la hipótesis del ciclo de vida.

La evidencia sugiere que los pensionistas no reducen su riqueza tan rápidamente como predice el modelo. Además, estudios en los Estados Unidos y el Reino Unido han demostrado que el consumo tampoco fue una curva suave a lo largo de la vida de las personas; por el contrario, tendió a aumentar en la mediana edad y descender después de la jubilación.

Hay varias explicaciones posibles para estos hallazgos. El consumo puede ser menor para los jóvenes de lo que predice el modelo si tienen crédito limitado. Es posible que quieran pedir prestado contra sus mayores ganancias futuras esperadas, pero solo pueden hacerlo si los prestamistas les otorgan un préstamo. La incertidumbre también puede influir, porque los jóvenes no saben exactamente cuál será su futuro. Pueden dudar a la hora de acumular deudas ante la duda de no poder pagarlas.

La incertidumbre también juega un papel al final de la vida. Dado que las personas no saben exactamente cuánto tiempo vivirán, les resulta difícil igualar su patrimonio durante la jubilación. Los jubilados también pueden ahorrar más de lo previsto, porque quieren dejar parte de su riqueza a sus descendientes. Por último, la disminución del consumo al final de la vida puede deberse a un "descuento hiperbólico". A los economistas del comportamiento se les ha ocurrido la idea de que las personas tienen problemas para planificar el futuro, lo que los lleva a ahorrar muy poco para mantener los niveles de consumo después de la jubilación.

Han pasado muchos años desde que Modigliani y Brumberg desarrollaron la hipótesis del ciclo de vida; aunque ha evolucionado y enfrentado algunas dificultades, esta hipótesis sigue siendo un pilar de la teoría económica moderna.

Define tus objetivos financieros para inversiones

Considera las acciones como un instrumento de por vida, como cualquier otra inversión, ni más ni menos. Las acciones son una de las muchas herramientas que puedes utilizar para lograr algo: lograr un objetivo. Sí, la inversión exitosa en acciones es el objetivo por el que probablemente te esfuerces. Sin embargo, primero debes completar la siguiente oración: "Quiero tener éxito en mi programa de inversión de capital para lograar ____________".

Deberías ver la inversión de capital como un medio para lograr tu objetivo. Cuando la gente compra una computadora, no piensa (o no debería pensar) en comprar una computadora solo para tener una computadora. Comprar una computadora puede ayudarlo a lograr más objetivos: ser más eficiente en los negocios, jugar juegos divertidos o tener un buen pisapapeles.

Comienza con la identificación de objetivos a largo, medio y corto plazo. Las metas a largo plazo se refieren a proyectos o metas financieras que van más allá de cinco años o más. Los objetivos intermedios se refieren a aquellos que se pueden alcanzar en dos o cinco años.

Los objetivos a corto plazo deben financiarse después de menos de dos años.

Por lo general, las acciones son las más adecuadas para lograr estos objetivos a largo plazo:

- Alcanzar la independencia financiera (piense en el financiamiento de las pensiones).
- Pagar los costos de matrícula universitaria en el futuro
- Pago de cualquier costo o proyecto a largo plazo

Algunas categorías de acciones (como las conservadoras o de gran capitalización) pueden ser adecuadas para fines financieros intermedios. Si, por ejemplo, se jubila después de cuatro años, las acciones conservadoras pueden ser adecuadas.

Si eres optimista (o positivo) sobre el mercado de valores y estás seguro de que los precios de las acciones subirán, continúa invirtiendo. Sin embargo, si te sientes negativo sobre el mercado (es bajista o crees que los precios de las acciones bajarán), puedes esperar hasta que la economía comience a allanar un camino claro.

Las acciones generalmente no son adecuadas para fines de inversión a corto plazo porque los precios de las acciones pueden comportarse de manera irracional durante un corto período de tiempo. Las acciones fluctúan de un día a otro, por lo que no sabes cuánto costarán en el futuro cercano. Al final, es posible que obtengas menos dinero del que esperabas.

Los certificados de depósito bancarios a corto plazo o los fondos del mercado monetario son más adecuados para inversores que buscan acumular dinero de forma segura para necesidades a corto plazo.

Especialmente en los últimos años, los inversores han intentado encontrar formas de obtener beneficios rápidos y fáciles mediante el comercio y la especulación bursátil.

Tras las grandes ganancias en los mercados de valores a fines de la década de 1990, los inversores vieron las acciones como un plan para enriquecerse rápidamente. Sin embargo, una de las cosas más importantes es tratar de comprender cuál es la diferencia entre invertir, ahorrar y especular. Saber la respuesta a esta pregunta es fundamental para alcanzar tus metas y aspiraciones. Los inversores que no conocen la diferencia tienden a agotarse. Aquí hay información que te ayudará a diferenciar estas tres acciones:

- *Invertir* es la inversión de tu activo corriente en valores o activos tangibles con el fin de obtener una alta valoración futura, ingresos o ambos. Se necesita tanto conocimiento como disciplina y tiempo para invertir. La inversión puede fluctuar en precio, pero se ha elegido en función del potencial a largo plazo.

- *El ahorro* es la acumulación segura de fondos para uso futuro. Los ahorros no fluctúan y generalmente no están expuestos a riesgos financieros. Tanto la seguridad como la liquidez son importantes.

- *La especulación* es el equivalente financiero del juego. Un inversor que especula busca ganancias rápidas de los movimientos de precios a corto plazo de un activo o inversión en particular. (En los últimos años, muchas personas han estado negociando acciones [comprando y vendiendo con frecuencia], que es el área de especulación a corto plazo).

Estos conceptos completamente diferentes a menudo son confundidos incluso por los llamados expertos financieros. En un caso, un experto financiero puso dinero del fondo universitario de un niño en un fondo de capital en Internet ¡solo para perder más de $ 17,000 en menos de diez meses!

CONCLUSIÓN

Si estás leyendo la conclusión de este libro, probablemente lo hayas leído todo, o al menos la mayor parte.

Espero que la información que has encontrado en su interior haya sido útil para mejorar tu comprensión de los mercados financieros y cómo se mueven, pero sobre todo, espero que te haya animado y ayudado a dar tus primeros pasos en la inversión utilizando estos instrumentos financieros.

He tratado de presentar toda la información de la manera más clara posible para que pueda ser utilizada y seguida incluso por los principiantes sin experiencia que están ingresando a este mundo por primera vez.

Este libro será el primero de una serie de manuales que estoy escribiendo sobre el tema.

Cualquier indicación, sugerencia o idea que quieras darme será tomada en absoluta consideración con el fin de mejorar mi trabajo y crear algo que siga satisfaciendo las necesidades de quienes leerán en el futuro.

www.ingramcontent.com/pod-product-compliance
Lightning Source LLC
LaVergne TN
LVHW040443051026
849517LV00002B/734
9798215331002